文化中国

中华优秀传统文化

第十册

丛书主编
文新华
本册主编
曹圣龙
本册副主编
俞颖婷

华东师范大学出版社
·上海·

图书在版编目（CIP）数据

文化中国：中华优秀传统文化. 第十册/文新华主编. 一上海：华东师范大学出版社，2024
ISBN 978 - 7 - 5760 - 4679 - 3

Ⅰ. ①文… Ⅱ. ①文… Ⅲ. ①中华文化—高中—教学参考资料 Ⅳ. ①G634.303

中国国家版本馆 CIP 数据核字（2024）第 090909 号

文化中国：中华优秀传统文化 第十册
WENHUA ZHONGGUO: ZHONGHUA YOUXIU CHUANTONG WENHUA DI SHI CE

丛书主编 文新华
策划编辑 曹祖红
责任编辑 游胜男
责任校对 时东明
装帧设计 刘怡霖

出版发行 华东师范大学出版社
社　　址 上海市中山北路 3663 号 邮编 200062
网　　址 www.ecnupress.com.cn
电　　话 021 - 60821666 行政传真 021 - 62572105
客服电话 021 - 62865537 门市（邮购）电话 021 - 62869887
地　　址 上海市中山北路 3663 号华东师范大学校内先锋路口
网　　店 http://hdsdcbs.tmall.com

印 刷 者 上海新华印刷有限公司
开　　本 787 毫米 × 1092 毫米 1/16
印　　张 8.75
字　　数 136 千字
版　　次 2025 年 2 月第 1 版
印　　次 2025 年 2 月第 1 次
书　　号 ISBN 978 - 7 - 5760 - 4679 - 3
定　　价 48.00 元

出 版 人 王 焰

目　录

第一单元

诗情画境，意趣妙然

——中华语言文字和文学艺术

第一节
书法艺术——东晋“二王”及魏晋其他书家

东晋大书法家王羲之和王献之父子，并称为“二王”。东晋“二王”的书法代表了“晋人法度”，对中国书法的发展产生了极其深远的影响。此外，魏晋时期还有众多书家，他们共同造就了中国书法史上一个群星璀璨的时代。

一、东晋“二王”

1. 王羲之。

王羲之（303—361），字逸少，号澹斋，琅邪临沂（今属山东）人，后迁居山阴（今浙江绍兴），官至右军将军、会稽内史，东晋书法家，被后人尊为“书圣”。他出身书法世家，叔父王廙，堂伯父王导，堂兄弟王恬、王洽等都是当时的书法名手。

王羲之书法名作众多，除《兰亭序》外，尚有《官奴帖》《十七帖》《二谢帖》《奉橘帖》《姨母帖》《快雪时晴帖》《乐毅论》《黄庭经》等。其书法的主要特点是平和自然，笔势委婉含蓄，遒美健秀。

《兰亭序》又名《临河序》《兰亭集序》《禊帖》等。东晋永和九年（353）

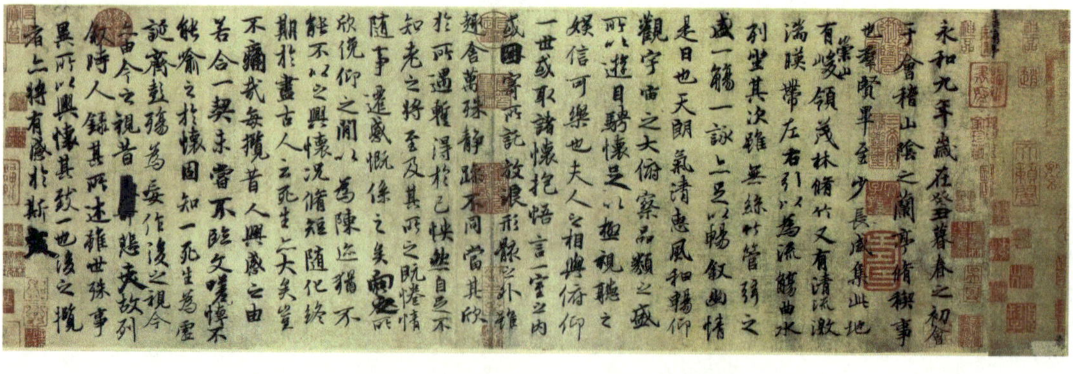

《兰亭序》（“神龙本”，［唐］冯承素摹）

三月三日，时任会稽内史的王羲之与友人谢安、孙绰等四十余人在会稽山阴的兰亭雅集，饮酒赋诗。王羲之将这些诗作辑成一集，并挥笔作序一篇，记述曲水流觞一事，并抒写由此引发的内心感慨。这篇序文就是《兰亭序》。

《兰亭序》在中国书法史上具有崇高的地位。法帖相传之本，全文 28 行，324 字，通篇遒媚飘逸，字字精妙，点画犹如舞蹈，似有神助，被历代书家奉为“天下第一行书”。据史料记载，唐太宗对王羲之推崇备至，曾亲撰《晋书》中的《王羲之传论》，称其人“尽善尽美”，还将《兰亭序》临摹本分赐贵戚近臣，并以真迹殉葬。

后世但凡学习行书之人，都会倾心于《兰亭序》不能自拔。其真迹相传殉葬昭陵，有摹本、临本传世，其中唐代冯承素所摹的“神龙本”知名度最高。此帖用笔以中锋为主，间有侧锋，笔画之间的萦带纤细轻盈，或笔断而意连，提按顿挫一任自然，整体布局天机错落，具有潇洒流丽、优美动人的无穷魅力。

2. 王献之。

王献之（344—386），字子敬，原籍琅邪临沂（今属山东），生于会稽山阴（今浙江绍兴），王羲之第七子。官至中书令，故世称大令。他幼时从父学书，后来取法张芝，别创新法，自成一格，与父齐名。楷、行、草、隶各体兼精，尤以行草擅名。楷书以《洛神赋十三行》为代表，行书以《鸭头丸帖》最著，相传为其所书的草书名作《中秋帖》被列为清内府“三希帖”之一。明代安世凤《墨林快事》评其书曰：“笔画劲利，态致萧辣，无一点尘土气，无一分桎梏束缚。”

《洛神赋十三行》简称《洛神赋》，是王献之的小楷代表作，原书内容为三国魏曹植的著名文章《洛神赋》。据说王献之好写《洛神赋》，曾写过不止一本。该书至唐代已残缺，仅剩十三行。宋元时据说有两种墨迹流传：一为晋麻笺本，南宋时归贾似道，贾似道将其刻于似玉的佳石上，世称《玉版十三行》；另一为唐人用硬黄纸所书，后有柳公权跋两行，世称《柳跋十三行》。元代之后，两种墨迹均失传。有多种刻本传世，其中以碧玉版本为精。碧玉版本原石于明万历间出土于杭州，现藏于首都博物馆，或以为即贾似道所刻原石。

《洛神赋十三行》（拓片）

《洛神赋十三行》用笔挺拔有力，结体宽敞舒展，风格秀逸洒脱。字中的撇、捺等笔画往往伸展得很长，但并不轻浮软弱，笔力运送到笔画末端，遒劲有力，神采飞扬。字体匀称和谐，各部分的组合中又有细微而生动的变化，字的大小不同，字距、行距变化自然。从《洛神赋十三行》中可以看出，王献之的楷书笔法不再带有隶意，字形也由横势变为纵势，已是完全成熟的楷书之作。与王羲之的楷书含蓄而多运用“内擫”笔法不同，王献之的字神采外露，较多地运用“外拓”笔法。宋代董逌《广川书跋》说：“子敬《洛神赋》，字法端劲，是书家所难。偏旁自见，不相映带；分有主客，趣向严整。与王羲之《黄庭经》《乐毅论》相比，一反遒紧缜密之态，神化为劲直疏秀。”

二、魏晋时期其他代表书家

1. 钟繇。

钟繇（151—230），字元常，颍川长社（今河南长葛东北）人，三国魏书法家、政治家。兼善篆、隶、楷、行、草多种书体，对楷书（小楷）的发展有重要的推动之功，被尊为“楷书鼻祖”。钟繇对后世书法影响深远，王羲之等人都曾经潜心钻研其书法。与王羲之并称为“钟王”。南朝梁庾肩吾《书品》将钟繇的书法列为“上之上”，唐代张怀瓘在《书断》中评其隶书、行书为“神品”。代表作品有《宣示表》《荐季直表》等。

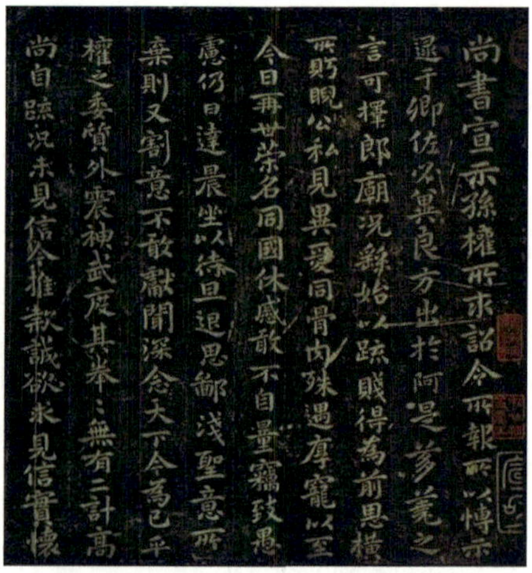

《宣示表》（局部，刻本）

2. 陆机。

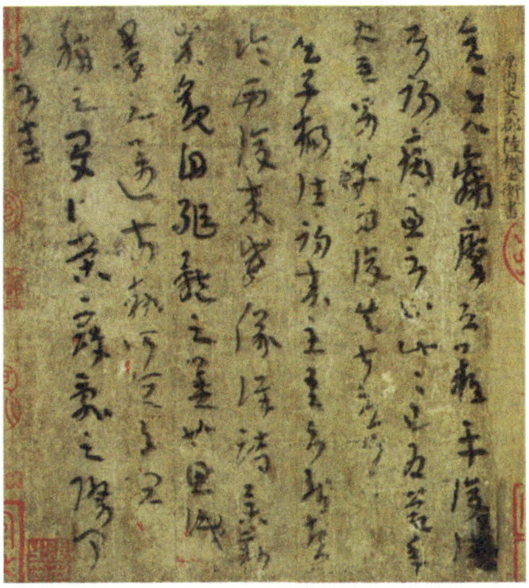

《平复帖》

陆机（261—303），字士衡，吴郡吴县华亭（今上海市松江区）人，西晋文学家、书法家。出身吴郡陆氏，为孙吴丞相陆逊之孙、大司马陆抗第四子。陆机“少有奇才，文章冠世”，诗重藻绘排偶，骈文亦佳；善书法，其章草作品《平复帖》是中国现存最早的名人法书真迹，也是历史上第一件流传有绪的法帖墨迹，有“法帖之祖”的美誉。

宋代陈绎曾《翰林要诀》评：“士衡《平复帖》，章草奇古。”清代吴升《大观录》评《平复帖》：“若篆若隶，笔法奇崛。”明代董其昌赞《平复帖》云：“右军以前，元常之后，唯存数行，为希代宝。”

3. 王珣。

王珣（349—400，一说 350—401），字元琳，琅邪临沂（今属山东）人，东晋书法家。出身琅邪王氏，丞相王导之孙、中领军王洽之子。

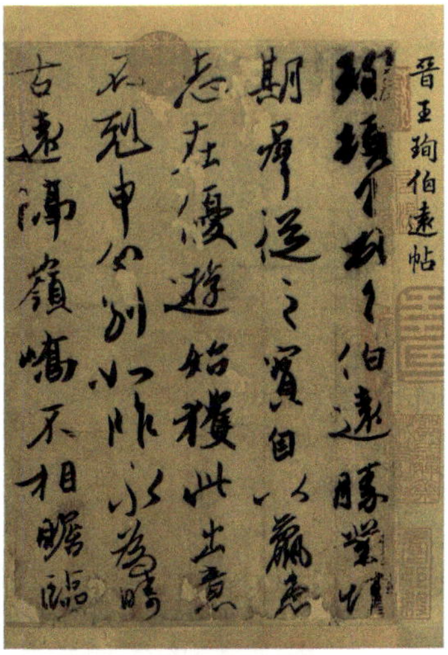

《伯远帖》

王珣工书法，传世书法作品有《伯远帖》等。《伯远帖》是现今学术界公认唯一传世的东晋名家法书真迹，此帖曾被北宋内府以及明代董其昌等收藏，清乾隆间入内府，与王羲之《快雪时晴帖》、王献之《中秋帖》并藏于养心殿西暖阁“三希堂”，合称为“三希帖”，一直被历代书法家、收藏家、鉴赏家视为稀世瑰宝。

董其昌在《伯远帖》后跋曰：“既幸予得见

王珣，又幸珣书不尽湮没，得见吾也。长安所逢墨迹，此为尤物。”又评其书“潇洒古澹，东晋风流，宛然在眼”。清代顾复在《平生壮观》中评《伯远帖》：“纸坚洁而笔飞扬，脱尽王氏习气。”清代杨守敬《评帖记》评：“《宣和书谱》称其家世学，草圣有传。今不见其草迹，即此真行，已足名家。观其下笔，力变右军父子，而无一笔诡于正，所谓纵任自喜，古雅有余者也。”

第二节
寒来暑往一春秋——汉字趣解

“仓颉造字”的故事想必大家都不陌生。仓颉，原姓侯冈，名颉，俗称仓颉先师，又号史皇氏。传说仓颉是黄帝时期的史官，他见鸟兽的足迹而受到启发，创造了汉字。《淮南子·本经训》载：“昔者仓颉作书而天雨粟，鬼夜哭。”虽未免夸张，但足见汉字的重要性。汉字不仅是我们记录语言、留存事件的工具，其构造还承载着与古代先民的生活和思想相关的许多信息。下面，就让“春、夏、秋、冬”四字带领我们走进汉字的造字世界，领略其蕴含的丰富意趣。

一、“春”

“春”，会意字，甲骨文，左边的上、下部分是两株草木幼芽之形，小草的中间是“日”，表示太阳；右边为“屯”，构形为草木种子破土而出，兼作声符。整个字形会意，表示阳光充足，大地回暖，草木初生，种子生根发芽的时候，就是春。其字形隶变以后，除“日”之外，其他部分都看不出来了。

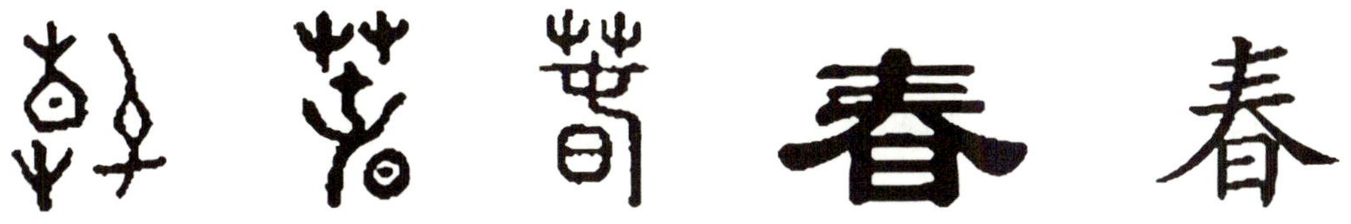

甲骨文　金文　小篆　隶书　楷书

春，是四季之首，俗话说得好，“一年之计在于春，一日之计在于晨”。春是万物生长的季节，植物萌发，动物繁殖，农夫下地播种。人与季节一样，年少时充满希望与活力，那便是“青春”。

温暖宜人的春日，和煦的阳光普照大地，古人把春天的阳光称作“春晖”，后“春晖”被用来比喻父母、师长之爱。

古人将东、南、西、北四个方位分别与春、夏、秋、冬四个季节相关联，于是“东风”便成了“春风”的代名词。

二、“夏”

“夏”的甲骨文字形，一般认为是一个手持斧钺的高大威武的武士形象。金文和小篆字形则突出其中表示头部的“页”、表示脚部的“夊”以及中间的两只手，呈现一个高大完整的人形。“夏”的本义一般认为是指高大、雄强、威武的人，最初可能作为部族的图腾，后来逐渐被用来指称中原地区的人。中国历史上第一个朝代名为“夏”，夏朝分天下为九州，铸九鼎作为国家象征，其统治的核心区域称为中原，以后的王朝更替，都有入主中原、定鼎中原之说。

甲骨文　金文　小篆　隶书　楷书

在历法制订的初期，一年只划分为春、秋两季，但是农业发展以后，人们发现要准确掌握农作物的耕作规律，就要对物候、季节有更细致的了解，于是就把一年分为四季。可能由于春季之后的这个季节农作物生长迅速，人们觉得这与表示高大人物的“夏”字有着共通之处，于是就借“夏”字来为其命名。

三、“秋”

“秋”的甲骨文字形一般认为像一只长须长足的蟋蟀；有的在蟋蟀之形下方加一个意符“火”，可能与古代以火燎秋虫的焚田之习有关。蟋蟀在秋天鸣叫，因此古人在造字时用蟋蟀来表示秋天。秋天更为突出的特点是庄稼成熟，“秋”的大篆字形中又添加了“禾”这一意符，而蟋蟀之形则可能由于讹误而转化为“龟”形，并充当了声符。再后来，经过进一步简化，“龟”被省去，只保留下“禾”与“火”两个部件，并逐渐固定为现在的“秋”的字形。总的来说，“秋”的字形在发展演变中经历了表义侧重点的巨大变化，但其始终围绕秋天的特征进行描述，反映了古人对物候的细致观察和真切感知。

甲骨文　大篆　小篆　隶书　楷书

秋天庄稼成熟，此时有许多重要的农事活动，“秋收”“秋耕”“秋播”称为三秋大忙；其后农民统一结算收成就叫“秋后算账”，比喻待到事后进行清算报复。由于秋天是决定一年生计的重要时节，“秋”又有了年的意思，比如“一日不见，如隔三秋”“千秋万岁”……

四、“冬”

“冬”的甲骨文字形像一根绳索，两端打结，本义为终结、终了。古人把一年划分为四季后，很自然地将草木凋零的寒冷季节作为一年的终结，于是借用“冬”字来为其命名；而“冬”字的本义则逐渐以添加绞丝旁的“终”字来表示。小篆字形在下方添加意符“仌”（冰），表示冬季天气寒冷，后继续演变为现在的“冬”的字形。

甲骨文　　金文　　小篆　　隶书　　楷书

冬季生气闭蓄，万物进入休养、收藏和等待的状态。人们在寒冷的风雪中熬过冬日，等待春天的到来被称作“越冬”；冬日孤寂凄清的心情被称作“冬心”。

第三节
巧借成语，妙学文言

汉语中的成语大多来自古代文献、故事和传说，是古代语言和文学的一个精华部分，其中不仅蕴藏着丰富的传统文化信息，而且还保留了古代汉语的语法规则和词汇意义。成语在现代汉语中仍被广泛运用，是沟通现代汉语和古代汉语的桥梁，也是我们了解中国古代文化和汉语知识的一个窗口，所以有人说成语是“古汉语的活化石”。借助这块“活化石”，我们可以更好地理解和掌握相关的古代汉语词汇知识。

一、巧借成语，妙记实词

文言文是打开传统文化大门的一把钥匙，所以我们必须学好文言文。文言文中有大量的实词，了解和积累其意义和用法，对于读懂文言文至关重要。而机械记忆文言实词恰恰是令许多人感到苦恼和乏味的事情，常常费了九牛二虎之力，没过多久却又遗忘了。我们不妨借助熟悉的成语，趣记文言实词。

如《旧唐书·列传第十二》“见有名鹰，讽大亮献之”中的“讽”，解释为“用言语暗示，委婉地劝告”，与成语“借古讽今”中的“讽”同义。另外，此篇中“恨相得之晚”中的“恨”与成语“相见恨晚”中的“恨”同译为“遗憾”。

从上述例子中可以看出，古汉语中有一些实词，我们现在容易理解错误，易错的原因是这些义项随着语言的发展，渐渐在日常语境中消失了，我们在现代汉语体系中很少接触到。但通过观察可以发现，这些义项往往保留在成语中。因此如果能带着联系成语的意识去理解和记忆文言实词，就能化繁为简、变难为趣了。

我们在学习文言文的过程中，可以试着用联系成语的方式整理、识记文言实词。以《廉颇蔺相如列传》为例，我们可以进行如下联想：

秦城恐不可得，徒见欺——徒劳无功（白白地）

而蔺相如徒以口舌为劳——家徒四壁（只，仅仅）

其势必不敢留君，而束君归赵矣——束之高阁、束手无策（捆缚）

均之二策，宁许以负秦曲——忍辱负重（承担）

秦贪，负其强——负隅顽抗（倚仗）

相如度秦王虽斋，决负约不偿城——忘恩负义（背弃）

臣诚恐见欺于王而负赵——不负众望（辜负，对不起）

大王见臣列观，礼节甚倨——前倨后恭（傲慢）

相如度秦王特以诈佯为予赵城——审时度势、度德量力（揣度，估计）

赵王畏秦，欲毋行——宁缺毋滥（不要）

且相如素贱人——素不相识、素昧平生（向来）

二、巧借成语，妙辨多义

“一词多义”是指一个词在其本义之外，随着历史的发展、语言的变迁，又引申、扩展、派生出多种与本义相关的意思，这个词也就成了一个多义词，它在不同的语言环境中体现出不同的意思。

在文言文里，一词多义现象很普遍，在理解时如果生搬硬套就容易产生许多偏差。好在我们常说常用的成语里也有这种现象，可以借助其来学习、积累这方面的知识。

现举十例，以供参考。

① 能工巧匠（灵巧，灵敏）
巧夺天工（技艺，技巧）
花言巧语（虚浮不实，伪诈）

② 闻鸡起舞（听到）
博闻强记（见闻）
默默无闻（名声）

③ 披肝沥胆（分开，裂开）
披坚执锐（穿）
披发左衽（散）
所向披靡（倒下，退下）

④ 破旧立新（打破）
乘风破浪（冲开）
支离破碎（碎裂）
一语道破（揭穿）

⑤ 厉兵秣马（磨快）
厉行节约（严格）
雷厉风行（猛烈）
声色俱厉（严厉）
变本加厉（厉害）

⑥ 文质彬彬（文采）
文过饰非（掩饰）
文深网密（法令条文）
繁文缛节（礼节、仪式）
能文能武（非军事的）

⑦ 精雕细刻（精心，精细）
业精于勤（精进，精通）
精兵强将（精锐，精良）
精益求精（完美）
养精蓄锐（精神）

⑧ 为所欲为（做）
为富不仁（追求，谋求）
为期不远（作为）
叹为观止（以为）
舍己为人（帮助）

⑨ 负隅顽抗（倚仗）
负荆请罪（背着）
久负盛名（享有）
忍辱负重（承担）
胜负未决（失败）
忘恩负义（背弃）

⑩ 名存实亡（名义）
名列前茅（名次）
名不虚传（名声）
名山胜川（著名）
莫名其妙（说出）
一文不名（占有）

三、巧借成语，妙解通假

成语中含有大量的通假字，有助于我们理解和掌握文言文中的通假字。

如：

水清石见（同“现”）　受益匪浅、匪夷所思（同“非”）

拨乱反正（同“返”）　再接再厉（同“砺”）　博闻强识（同“志”）

待贾而沽（同“价”）　秀外惠中（同“慧”）　断发文身（同“纹”）

华而不实（同“花”）　不亦说乎（同“悦”）　被发左衽（同“披”）

心无旁骛（同“务”）　将取固予（同“姑”）

四、巧借成语，妙通古今

成语中保存了大量鲜活的古汉语实词，是我们记忆和推求文言词语意义的极佳载体。对那些古今词义差别较大的文言词语，如果巧妙地利用成语去记忆或推求其词义，那么许多难懂的文言语句就会迎刃而解。

如：

① 方问国士，而及诸兄，是以尤之耳。（《世说新语·言语》）

② 动辄见尤，欲益反损。（《报任安书》）

③ 言寡尤，行寡悔，禄在其中矣。（《论语·为政》）

这三个句子中，“尤”是理解句意的难点，且其古今意义差异较大。前两句，可以根据成语“怨天尤人”推求出“尤”的意义是“指责，归罪”；第三句，可以从成语“以儆效尤”中推求出“尤”的意义为“罪过，过错”。

再如：

① 人不堪其忧，回也不改其乐。（《论语·雍也》）

② 今京不度，非制也，君将不堪。（《郑伯克段于鄢》）

③ 出师一表真名世，千载谁堪伯仲间。（《书愤》）

④ 满地黄花堆积。憔悴损，如今有谁堪摘？（《声声慢》）

前两句中的“堪”都是“经得住”的意思，可联系成语“疲惫不堪”“狼狈不堪”来推求其意义；后两句中的“堪”都是“能够”的意思，与成语“不堪设想”“不堪入耳”中的“堪”意义相同。

古今意义差异较大的文言词汇还有很多，其中很大一部分可借助成语记住其含义。

如：

不入虎穴，焉得虎子（哪里）　巧言令色（好，讨好）

毫厘不爽（差错）　如期而至（约定）　乳臭未干（气味）

举国同庆（全）　亡羊补牢（丢失）　欲盖弥彰（清楚，明白）

追亡逐北（败北的逃兵）　防患未然（这样）

不刊之论（削除、更改刻错的字）　狐假虎威、不假思索（假借，凭借）

缘木求鱼（沿着，顺着）

第四节
独特的语言艺术——对联精品鉴赏

从古至今，对联繁多，且还在不断产生、发展，人们依据不同的分类标准，将其划分成多种类型。

清代学者、楹联学家梁章钜的《楹联丛话》将对联分为十类：故事、应制、庙祀、廨宇、胜迹、格言、佳话、挽词、集句、杂缀。

近代吴恭亨的《对联话》将对联分为五类：题署、庆贺、哀挽、杂缀、谐谑。

顾平旦等主编的《中国对联大辞典》将对联分为九类：名胜、题赠（格言）、喜庆、哀挽、谐讽（巧妙）、文学艺术、行业、集句、海外。

谷向阳主编的《中国对联大典》根据几种不同的标准对对联进行分类。按用途分为：春联、行业联、婚联、寿联、挽联、胜迹联、居室联、题赠联、谐趣联、杂题联。按内容分为：写景状物联、叙事述史联、抒怀勉志联、格言哲理联、讽刺谐谑联。按联文长短分为：短联、中联、长联。按创作方式分为：创作联、改制联、集引联、征募联等。

对联名作浩繁如烟海，下面我们以梁章钜《楹联丛话》中的分类为依据，从中选择四类，一同欣赏对联这一独特的语言艺术。

一、应制对联

应制指古代由皇帝下诏命而作文赋诗的一种活动，主要功能在于娱帝王、颂升平、美风俗。以清朝时的故宫为例，各宫殿门屏、亭台楼阁每年腊月下旬至次年正月下旬皆悬挂春联，联语均为当时翰林名士应制而作。如：

日丽丹山，云绕旌旗辉凤羽；祥开紫禁，人从阊阖觐龙光。

——太和殿左门联

鸩观翔云，九译同文朝玉陛；凤楼焕彩，八方从律度瑶阊。

——太和殿右门联

龙德正中天，四海雍熙符广运；凤城回北斗，万邦和协颂平章。

——太和殿中槅扇联

仁寿握乾符，万国车书会极；中和绵鼎箓，九天日月齐光。

——中和殿中槅扇联

凝鼎命而当阳，圣箓同符日月；握乾枢以御极，泰阶共仰星云。

——保和殿中槅扇联

帝座九重高，禹服周疆环紫极；皇图千祀永，尧天舜日启青阳。

——乾清门联

琅璈逸韵应嵩呼，久矣八风从律；阊阖晴光凝嶰吹，康哉九叙惟歌。

——畅音阁联

地近玉阶通御气，春回琼琯驻韶光。

——角门联

旭日射铜龙，上阳春晓；和风翔玉燕，中禁花浓。

——养心殿联

一代典章垂涣汗，万年法守仰都俞。

——上谕馆联

二、庙祀对联

庙祀，乃立庙奉祀之意，即建立庙堂以供奉祭祀。庙祀场所多有题联，形成了对联中的一大类别。如：

尊王言必称尧舜，忧世心同切禹颜。

——乾隆帝题山东邹城孟庙联

先武穆而神，大汉千古，大宋千古；后文宣而圣，山东一人，山西一人。

——关帝庙联

识者观时，当西蜀未收，昭烈尚无尺土，操虽汉贼，犹是朝臣，至一十八骑走华容，势方穷促，而慨释非徒报德，只缘急国计而缓奸雄，千古有谁共白；君子喻义，恨东吴割据，刘氏已失偏隅，权即人豪，讵应抗主，以八十一州称敌国，罪实难逃，而拒婚岂曰骄矜，明示绝强援以尊王室，寸心只在自知。

——缪艮《涂说》载关帝庙长联

可托六尺之孤，可寄百里之命，君子人与，君子人也；隐居以求其志，行义以达其道，吾闻其语，吾见其人。

——诸葛忠武侯庙联

由孔孟而来，二千年卫道传经，独振斯文统绪；当光宁之世，五十日格非陈善，允宜此地烝尝。

——朱珪题杭州西湖朱熹祠联

亲不负楚，疏不负梁，爱国忠君真气节；骚可为经，策可为史，经天行地大文章。

——长沙屈（原）贾（谊）二公祠联

一门父子三词客，千古文章四大家。

——张鹏翔题眉州三苏祠联

心痛鼎湖龙，一寸江山双血泪；魂归华表鹤，二分明月万梅花。

——蒋士铨题扬州梅花岭下史可法祠墓柱联

旧事总惊心，阶前桧贼；感时应溅泪，庙侧花神。

——彭元瑞题西湖岳庙联

久要不忘平生之言，古谊若龟鉴，忠肝若铁石；敢问何为浩然之气，镇地为河岳，丽天为日星。

——温州江心屿文天祥祠联

千古痛钱塘，并楚国孤臣，白马江边，怒卷千堆雪浪；两朝冤少保，同岳家父子，夕阳亭里，心伤两地风波。

——《西湖志》载杨鹤于题于谦祠联

三、廨宇对联

廨：官署，旧时官吏办公处所的通称。宇：屋檐，泛指房屋。廨宇，即官舍。古代官舍多题有与其职责相关的楹联。如：

天地自成文，湖山有美；国家期得士，桃李无言。

——彭元瑞题浙江学署联

与国咸休，安富尊荣公府第；偕天不老，文章礼乐圣人家。

——李东阳题曲阜衍圣公府大门联

当官期于物有济，凡事求其心所安。

——衙署厅斋联

怀哉惟清，既到此间须刻鹄；勤将补拙，敢云余暇可骖鸾。

——梁章钜题桂林怀清堂联

矮屋静无哗，听食叶蚕声，敢忘当年辛苦；文星光有耀，看凌云骥足，相期他日勋名。

——陈文恭题湖南贡院联

四、胜迹对联

胜迹即名胜古迹。各地名胜古迹留存了历代文人墨客题写的众多名联佳句。如：

雨不崇朝遍天下，花随流水到人间。

——泰山雨花道院联

望望七十二峰，工部游时，诗圣有谁能继响；遥遥一千余载，文公去后，岳云从此不轻开。

——衡山联

龙涧风回，万壑松涛连海气；鹫峰云敛，千年桂月印湖光。

——赵孟頫题灵隐寺山门联

野烟千叠石在水，渔唱一声人过桥。

——陶云汀题上海豫园湖心亭联

山光扑面经新雨，江水回头为晚潮。

——郑燮题焦山自然庵联

放鹤去寻三岛客，任人来看四时花。

——袁枚自集唐句题随园联

枫叶四弦秋，怅触天涯迁谪恨；浔阳千尺水，勾留江上别离情。

——江州白太傅祠联

四面湖山归眼底，万家忧乐到心头。

——岳阳楼联

水石适幽居，想溪外微吟，翠竹白沙依草阁；楼台开暮景，结花间小队，野梅官柳接春城。

——四川杜甫草堂诗史堂联

乍来顿远尘嚣，静听水声真活泼；久坐莫嫌荒僻，饱看山色自清凉。

——李秉绶自题桂林李园茆亭联

第五节
趣言中的哲理——柳宗元寓言

柳宗元（773—819），字子厚，河东解县（今山西运城西南）人，世称柳河东，曾任柳州刺史，又称柳柳州。“唐宋八大家”之一，与韩愈同为唐代古文运动的倡导者，并称“韩柳”。柳宗元在寓言创作上成就极高，他继承并发展了《庄子》《韩非子》《吕氏春秋》《列子》《战国策》等的传统，将寓言发展为一种独立、完整的文学样式。其作品善用各种拟人化的动物艺术形象和故事来寄寓哲理或讽刺抨击社会丑恶现象，造语新奇，寓意深刻。寓言代表作有《三戒》（《临江之麋》《黔之驴》《永某氏之鼠》）、《蝜蝂传》《罴说》等。

临江之麋①

临江之人，畋②得麋麑③，畜④之。入门，群犬垂涎，扬尾皆来。其人怒，怛⑤之。自是日⑥抱就⑦犬，习⑧示之，使勿动，稍⑨使与之戏。积久，犬皆如人意。麋麑稍大，忘己之麋也，以为犬良⑩我友。抵触⑪偃仆⑫，益狎⑬。犬畏主人，与之俯仰⑭甚善。然时啖⑮其舌。三年，麋出门，见外犬在道甚众，走欲与为戏。外犬见而喜且怒，共杀食之，狼藉⑯道上。麋至死不悟。

注释

①选自《柳宗元选集》（上海古籍出版社 2016 年版）。临江，唐代县名，在今江西清江。麋，一种小型鹿类动物。②畋（tián）：打猎。③麑（ní）：幼鹿。④畜：饲养。⑤怛（dá）：恐吓。⑥日：天天，每天。⑦就：接近。⑧习：熟习，惯常。⑨稍：渐渐。⑩良：的确。⑪抵触：互相碰撞。⑫偃仆（yǎnpū）：仰倒和向前跌倒。此指在地上翻滚玩耍。⑬狎：亲昵。⑭俯仰：低头和抬头，此指依从应对。⑮啖：吃，这里是舔的意思。⑯狼

藉：散乱。

译文

临江有人猎获一只幼鹿，把它饲养起来。刚进门的时候，一群狗流着口水，扬起尾巴向幼鹿跑过来。那猎人发起怒来，吓唬狗让它们走开。自此以后猎人每天抱着幼鹿靠近狗，经常让它们看，使它们不再欺负幼鹿，渐渐地又让幼鹿与狗一块玩。时间长了，狗完全顺从了猎人的意愿。幼鹿渐渐长大了，忘记了自己是鹿，认为狗真是自己的朋友。鹿与狗互相碰撞翻滚，越来越亲热。狗害怕主人，只能与鹿戏耍、周旋，相处得很好。然而狗时常会舔着自己的舌头（流露出想吃鹿的意思）。过了三年，鹿跑出家门，看到很多别家的狗聚集在大路上，跑去想同它们一块玩。别家的狗见了鹿又高兴又愤怒，共同咬死并吃掉了鹿，鹿的尸骨被散乱地丢弃在路上。鹿到死也不明白这是怎么一回事。

赏析

本文写了一只受到主人保护的小鹿常与家犬嬉戏，以犬为同类，后来外出被外面的狗吃掉的故事。作者讽刺了那些依仗他人的权势得意忘形的人，指出其一旦脱离保护，必将遭受灾祸，结局悲惨。这篇寓言使用了白描手法，叙述故事简洁明快，略去设喻和议论，在含蓄的文字中寄寓了深刻的言外之意，发人深思。

黔之驴①

黔无驴，有好事者②船载以入。至则无可用，放之山下。虎见之，庞然大物也，以为神。蔽③林间窥之，稍④出近之，慭慭然⑤，莫相知。

他日，驴一鸣，虎大骇⑥，远遁⑦，以为且⑧噬⑨己也，甚恐。然往来⑩视⑪之，觉无异能者。益习⑫其声，又近出前后，终不敢搏⑬。稍近益狎，荡倚冲冒⑭，驴不胜⑮怒，蹄⑯之。虎因喜，计⑰之曰：“技止此耳⑱！”因跳踉⑲大㘎⑳，断其喉，尽其肉，乃去。

噫！形之庞也类有德，声之宏也类有能，向不出其技，虎虽猛，疑畏，卒不敢取。今若是焉，悲夫！

注释

①选自《柳宗元选集》（上海古籍出版社 2016 年版）。黔（qián），即唐代黔中道，包括今贵州大部、四川东南部、湖北西南部、湖南西部。②好（hào）事者：喜欢多事的人。③蔽：隐蔽，躲藏。④稍：渐渐。⑤慭慭（yìnyìn）然：小心谨慎的样子。⑥大骇：非常害怕。⑦遁：逃走。⑧且：将要。⑨噬：咬。⑩往来：来来往往。⑪视：观察。⑫习：同“悉”，熟悉。⑬搏：击，扑。⑭荡倚冲冒：形容虎对驴轻侮戏弄的样子。荡，碰撞。倚，靠近。冲，冲撞。冒，冒犯。⑮不胜：不堪，禁不住。⑯蹄：名词作动词，用蹄子踢。⑰计：盘算。⑱技止此耳：本领只不过如此罢了。止，只，仅。此，如此。耳，罢了。⑲跳踉（liáng）：跳跃。⑳㘎（hǎn）：同“吼”，怒吼。

译文

黔中道这个地方没有驴子，有一个喜欢多事的人用船运了一头驴子进来。运到后，又觉得驴子没什么用处，便把它放养在山下。老虎看见它是一个庞然大物，以为是神灵。躲到树林里偷偷地看它，渐渐地又走出来接近它，一副小心谨慎的样子，还是不了解驴子究竟是什么东西。

有一天，驴子叫了一声，老虎吓了一大跳，逃得远远的，以为驴子要吃自己，十分恐惧。但是它来回观察驴子，觉得它没有什么特别的本领。老虎渐渐地听惯了驴子的叫声，又更近一步，在它的前前后后走动，但始终还是不敢扑击它。老虎又渐渐向驴子再靠近一些，更加轻松随便，碰撞、靠近、冲撞、冒犯它。驴子非常恼火，就用蹄子踢了老虎。老虎因此非常高兴，心里盘算道：“它的本领不过这样罢了！”于是跳将起来，大声吼叫，咬断驴子的喉管，吃光它的肉，这才离去。

唉！驴子身形庞大，似乎品德高尚；声音洪亮，好像本领高强。假使它不暴露出自己那有限的本领，老虎虽然凶猛，毕竟还是疑虑畏惧，始终不敢进攻它。如今落得这个下场，可悲呀！

赏析

这篇寓言以简洁的文笔叙述了黔驴技穷被老虎吃掉的故事。文章生动呈现了老虎对外来的新鲜事物——驴子，从一开始的畏惧、好奇，到怀疑、试探，再到最后攻击、捕食成功的过程，塑造了谨慎精明、机智勇敢的老虎的形象，同时也衬托出驴子徒有其表、愚蠢无能的形象。该文是作者参与“永贞革新”失败后，被贬为永州司马时所写。作者借黔驴技穷的故事讽刺了那些无德无能却身居高位的上层人物，指出他们虽然得意一时，但只要大家勇敢与之作斗争，就一定能扳倒他们。文章刻画形象细致传神，寓意深刻，讽刺辛辣。

永某氏之鼠①

永有某氏者，畏日②，拘忌异甚③。以为己生岁直子④，鼠，子神⑤也，因爱鼠，不畜猫犬，禁僮⑥勿击鼠。仓廪⑦庖厨⑧，悉⑨以恣⑩鼠，不问。由是鼠相告，皆来某氏，饱食而无祸。某氏室无完器，椸⑪无完衣，饮食大率鼠之余也。昼累累⑫与人兼行⑬，夜则窃啮⑭斗暴，其声万状，不可以寝，终不厌。

数岁，某氏徙居他州。后人来居，鼠为态如故。其人曰：“是阴类⑮恶物也，盗暴⑯尤甚。且何以至是乎哉？”假五六猫，阖门⑰，撤瓦⑱，灌穴，购僮⑲罗捕之。杀鼠如丘，弃之隐处，臭数月乃已。

呜呼！彼以其饱食无祸为可恒也哉！

注释

①选自《柳宗元选集》（上海古籍出版社 2016 年版）。永，永州，治所在今湖南省零陵县。某氏，某人。②畏日：怕犯日忌。旧时迷信认为年、月、日、辰都有凶吉，日忌即指凶日要禁忌做某些事情，犯了就不祥。③拘忌异甚：禁忌迷信特别多；特别讲究忌讳。④生岁直子：出生的年份正当农历子年。生在子年的人，生肖属鼠。直，同“值”，正当。⑤子神：子的生肖神。⑥僮：僮仆。⑦仓廪（lǐn）：粮仓。⑧庖厨：厨房。⑨悉：全，都。⑩恣：放纵。⑪椸（yí）：衣架。⑫累累：一个接一个。⑬兼行：并走。⑭窃啮（niè）：偷咬东西。⑮阴类：在阴暗处活动的东西。⑯盗暴：偷窃打闹。⑰阖（hé）门：关门。⑱撤瓦：搬开瓦器。一说撤除屋瓦。⑲购僮：悬赏、奖励僮仆。一说雇工。

译文

永州有一个人，怕犯日忌，特别讲究忌讳。他认为自己出生那一年是子年，而老鼠又是子年之神，因而特别喜欢老鼠，不养猫狗，并禁止僮仆捕击老鼠。家里的粮仓、厨房都任老鼠随意糟蹋，从不过问。于是，老鼠们相互传告，都来到这个人的家中，吃得饱饱的却安然无事。结果闹得这个人家里没有一件完好的器具，衣架上没有一件完好的衣服，人吃喝的东西大多是老鼠剩下的。老鼠白天成群结队地与人一道行走，晚上则偷咬东西、吵闹斗殴，鼠叫声千奇万状，吵得人不能入睡，可是这个人始终不厌烦老鼠。

几年后，这个人搬到别的州去住了。后来有人住了他的房子，老鼠还是像从前那样胡作非为。新来的主人说："这些在阴暗角落里害人的东西，偷窃打闹得过分厉害了！它们为什么猖狂到了这种地步呢?"新主人借来五六只猫，关上家门，揭开房瓦，用水浇灌老鼠洞，并赏钱给僮仆让他们捕捉老鼠。打死的老鼠堆起来像一座小山，把它们扔到偏僻的地方，臭气过了好几个月才消散。

唉！那些老鼠还以为饱食无祸的日子能过得很长久呢！

赏析

这篇寓言以老鼠比拟那些恃宠跋扈、作威作福的人，指出他们饱食而无祸的日子不会长久，终有一天会倾巢覆灭。同时又告诫人们，对待为非作歹之徒，决不能姑息纵容，必须将其彻底清除，杜绝后患。文章叙事看似笔笔落到实处，而又极尽夸张，突出某氏和老鼠的形象，亦庄亦谐，令人在不可思议、忍俊不禁的同时深受启发。

第六节
经典宋词诵读

一、词牌

词牌，也称为词格，是填词用的曲调名。词最初是伴曲而唱的，是配合音乐的一种文学，有的根据词的内容制定曲调，有的根据曲调填词。后来的词作主要是依调填词，词牌与词的内容并无必然关联，而是表明该词所依的曲谱，曲谱不同，词牌名也就不同。古代词牌对应的曲谱有些一直流传到现在，有些则已失传。当词完全脱离曲之后，词牌便仅作为文字、音韵结构的一种定式。我们现在所看到的词作的篇名，有的即为词牌名，有的则由词牌名和题目两部分构成，题目与词的内容密切相关。例如，“念奴娇”“卜算子”“沁园春”“清平乐”都是词牌名。再如，《念奴娇·赤壁怀古》这首词，“念奴娇”是词牌名，“赤壁怀古”是词的题目；《卜算子·咏梅》这首词，“卜算子”是词牌名，“咏梅”是词的题目。

二、经典宋词诵读

渔家傲·秋思①

［宋］范仲淹

塞下秋来风景异，衡阳雁去②无留意。四面边声③连角起。千嶂里，长烟落日孤城闭。　浊酒一杯家万里，燕然未勒④归无计。羌管悠悠霜满地。人不寐，将军白发征夫泪。

注释

①选自《宋词三百首》(人民文学出版社 2021 年版)。渔家傲，词牌名，又名〔吴门柳〕〔忍辱仙人〕〔荆溪咏〕〔游仙关〕等。范仲淹（989—1052），字希文，苏州吴县（今江苏苏州）人，北宋政治家、军事家、文学家，世称范文正公。诗、文、词皆工，词作存世数量不多，然风格多样，意境开阔。宋仁宗朝，西夏是从西北方面侵扰中原的强敌。康定元年（1040），范仲淹任陕西经略副使兼知延州（今陕西延安），在边城的防御上起了很大的作用；但朝廷腐败，败多胜少，只能坚守以稳定大局。本词即作于此时。②衡阳雁去：传说秋天北雁南飞，至湖南衡阳回雁峰而止。③边声：边塞特有的声音，如大风、号角、羌笛、马啸等的声音。④燕然未勒：指战事未平，功名未立。燕然，即燕然山，今名杭爱山，在今蒙古国境内。据《后汉书·窦宪传》记载，东汉窦宪、耿秉击败北匈奴，登燕然山，去塞三千余里，刻石勒

功，纪汉威德。

苏幕遮·怀旧[①]

［宋］范仲淹

碧云天，黄叶地。秋色连波，波上寒烟翠。山映斜阳天接水。芳草无情，更在斜阳外[②]。　黯乡魂[③]，追旅思。夜夜除非，好梦留人睡。明月楼高休独倚。酒入愁肠，化作相思泪。

注释

①选自《宋词三百首》（人民文学出版社 2021 年版）。苏幕遮，原唐教坊曲名，来自西域，后用作词牌名，又名〔云雾敛〕〔鬓云松令〕等。②“芳草”二句：意思是，芳草不顾人的情绪，绵延到天涯，似乎比斜阳更遥远。“芳草”在古诗词中常与乡思别情相联系，这两句有感叹故乡遥远之意。③黯乡魂：因思念家乡而黯然神伤。黯，形容心情忧郁。乡魂，即思乡的情思。语出江淹《别赋》：“黯然销魂者，唯别而已矣。”

踏莎行[①]

［宋］欧阳修

候馆[②]梅残，溪桥柳细，草薰[③]风暖摇征辔[④]。离愁渐远渐无穷，迢迢[⑤]不断如春水。　寸寸柔肠[⑥]，盈盈[⑦]粉泪[⑧]，楼高莫近危阑[⑨]倚。平芜[⑩]尽处是春山，行人更在春山外。

注释

①选自《宋词三百首》（人民文学出版社 2021 年版）。踏莎（suō）行，词牌名，又名〔柳长春〕〔喜朝天〕等。欧阳修（1007—1072），字永叔，号醉翁、六一居士，吉州永丰（今属江西）人，北宋政治家、文学家、史学家。谥文忠，世称欧阳文忠公。与韩愈、柳宗元、王安石、苏洵、苏轼、苏辙、曾巩合称“唐宋八大家”。②候馆：迎宾候客之馆舍。③草薰：青草芳香。薰，花草芳香。④征辔（pèi）：行人坐骑的缰绳。辔，缰绳。此句化用江淹《别赋》：“闺中风暖，陌上草薰。”⑤迢迢：形容遥远的样子。⑥寸寸柔肠：柔肠寸断，形容愁苦到极点。⑦盈盈：泪水充溢眼眶之状。⑧粉泪：

泪水流到脸上，与粉妆和在一起。此指女子的眼泪。⑨危阑：高楼上的栏杆。⑩平芜：平坦地向前延伸的草地。芜，草地。

江城子·乙卯正月二十日夜记梦[①]

［宋］苏 轼

十年[②]生死两茫茫。不思量，自难忘。千里孤坟，无处话凄凉。纵使相逢应不识，尘满面，鬓如霜[③]。 夜来幽梦[④]忽还乡。小轩窗[⑤]，正梳妆。相顾[⑥]无言，惟有泪千行。料得[⑦]年年肠断处[⑧]，明月夜，短松冈。

注释

①选自《宋词三百首》（人民文学出版社 2021 年版）。江城子，来源于唐著名曲调，后用作词牌名，又名〔村意远〕〔江神子〕〔水晶帘〕等。苏轼（1037—1101），字子瞻，号东坡居士，世称苏东坡，眉州眉山（今属四川）人，北宋文学家、书画家。其诗清新豪健，与黄庭坚并称“苏黄”；其词开豪放一派，与辛弃疾并称“苏辛”；其文豪放自如，与欧阳修并称“欧苏”，为“唐宋八大家”之一。亦擅书，为“宋四家”之一；工于画，尤擅墨竹、怪石、枯木等。有《东坡七集》《东坡易传》《东坡乐府》等传世。②十年：指结发妻子王弗去世已十年。③尘满面，鬓如霜：形容饱经沧桑，面容憔悴。④幽梦：梦境隐约，故云幽梦。⑤小轩窗：指小室的窗前。小轩，有窗槛的小屋。⑥顾：看。⑦料得：料想，想来。⑧肠断处：一作“断肠处”。

临江仙·夜归临皋[①]

［宋］苏 轼

夜饮东坡[②]醒复醉，归来仿佛三更。家童鼻息已雷鸣。敲门都不应，倚杖听江声。 长恨此身非我有[③]，何时忘却营营[④]？夜阑[⑤]风静縠纹[⑥]平。小舟从此逝，江海寄余生。

注释

①选自《宋词三百首》（人民文学出版社 2021 年版）。临江仙，原唐教坊曲名，后用作词牌名。临皋，在湖北黄冈南长江边，苏轼曾寓居于此。②东坡：在湖北黄冈东，苏轼贬谪黄州时，在此筑雪堂五间。③此身非我

有：语出《庄子·知北游》："舜问乎丞曰：'道可得而有乎？'曰：'汝身非汝有也，汝何得有夫道？'舜曰：'吾身非吾有也，孰有之哉？'曰：'是天地之委形也……'"④营营：周旋、忙碌，内心躁急之状。形容奔走钻营，追逐名利。《庄子·庚桑楚》："全汝形，抱汝生，无使汝思虑营营。"⑤阑：残，尽，晚。⑥縠（hú）纹：绉纱似的细纹。比喻水波微细。縠，绉纱类丝织品。

浣溪沙①

［宋］秦　观

漠漠②轻寒③上小楼，晓阴④无赖⑤似穷秋⑥。淡烟流水⑦画屏幽⑧。　自在飞花轻似梦，无边丝雨细如愁。宝帘⑨闲挂⑩小银钩。

注释

①选自《宋词三百首》（人民文学出版社 2021 年版）。浣溪沙，"沙"又写作"纱"，原唐教坊曲名，后用作词牌名，又名〔小庭花〕〔满院春〕等。秦观（1049—1100），字少游、太虚，号淮海居士，高邮（今属江苏）人，北宋词人。"苏门四学士"之一。②漠漠：淡薄弥漫状。③轻寒：薄寒。④晓阴：早晨阴霾的天气。⑤无赖：无聊。⑥穷秋：秋天的尽头。⑦淡烟流水：画屏上轻烟淡淡，流水潺潺。⑧幽：意境悠远。⑨宝帘：缀着珠宝的帘子，指华丽的帘幕。⑩闲挂：随意地挂着。

蝶恋花①

［宋］柳　永

伫倚危楼②风细细，望极春愁，黯黯③生天际④。草色烟光残照里，无言谁会凭阑意。　拟把⑤疏狂⑥图一醉，对酒当歌，强乐⑦还无味。衣带渐宽⑧终不悔，为伊消得⑨人憔悴。

注释

①选自《宋词三百首》（人民文学出版社 2021 年版）。蝶恋花，原唐教坊曲名，采用梁简文帝"翻阶蛱蝶恋花情"为名，后用作词牌名，多用以抒写缠绵悱恻的愁情。柳永（约 987—约 1053），原名三变，字景庄，后改名

永，字耆卿，因排行第七，又称柳七，崇安（今福建武夷山市）人，北宋词人，婉约派代表人物。②伫（zhù）倚危楼：长时间倚靠在高楼的栏杆上。伫，久立。危楼，高楼。③黯黯：心情沮丧忧愁。④生天际：从遥远无边的天际升起。⑤拟把：打算。⑥疏狂：狂放不羁。⑦强（qiǎng）乐：勉强欢笑。强，勉强。⑧衣带渐宽：指人逐渐消瘦。语出《古诗十九首·行行重行行》："相去日已远，衣带日已缓。"⑨消得：值得。

单元学习活动

◎魏晋时期的楷书、行书各具特色，"二王"的作品各有千秋，不妨静下心来，临摹其中一段文字，并记录下你的感受。

◎汉字意趣无穷，"寒来暑往一春秋"只是冰山一角，更多内涵丰富、意蕴深远的汉字等待你的探索。仿照"寒来暑往一春秋"的形式，从熟悉的汉字入手，确定一个主题，尝试进行你自己的"汉字趣解"。

◎自主挑选一些重要的文言实词，做一些整理，借助成语进行记忆。

◎在你学过的课文中一定也有一些值得纪念的古代仁人志士，请查阅相关资料，收集纪念他们的庙祀对联，并进行品读赏析。

◎《临江之麋》《黔之驴》《永某氏之鼠》合称《三戒》，是柳宗元的讽刺寓言名篇，其深刻有力地讽刺了封建剥削阶级丑恶的人情世态。请就《三戒》中讽刺手法的运用进行分析，谈谈其表达效果。

◎欧阳修的《踏莎行》和柳永的《蝶恋花》都把愁思表现得淋漓尽致，但运用的艺术手法却不尽相同，试对此进行比较。

第二单元

社会主义核心价值观的中华文化之源

——经典古文阅读

第一节
社会主义核心价值观·富强

社会主义核心价值观，在国家层面的第一个价值目标，是“富强”。

“富强”这个概念，是和“贫弱”相对的。正因为我们在中国近现代史上感受到了太长久、太深重的贫弱，所以在国家层面的价值观上，“富强”作为首要的目标被提出来。“富强”的声音，是我们整个民族心底呼喊了太久的一个共同的声音。

民富而国强，才是国家的真正富强。

一、民富

民富的含义有二，一是衣食富足，二是文化富足。

1. 衣食富足。

民富最基本的要素是衣食富足，只有当生活得到了充分的保障，百姓才能安居乐业，继而实现其他方面的发展。

经典古文阅读篇目 1：

梁惠王曰：“寡人之于国也，尽心焉耳矣。河内凶，则移其民于河东，移其粟于河内。河东凶亦然。察邻国之政，无如寡人之用心者。邻国之民不加少，寡人之民不加多，何也？”

孟子对曰：“王好战，请以战喻。填然鼓之，兵刃既接，弃甲曳兵而走。或百步而后止，或五十步而后止。以五十步笑百步，则何如？”

曰：“不可，直不百步耳，是亦走也。”

曰：“王如知此，则无望民之多于邻国也。

“不违农时，谷不可胜食也；数罟不入洿池，鱼鳖不可胜食也；斧斤以时入山林，材木不可胜用也。谷与鱼鳖不可胜食，材木不可胜用，是使民养生丧死无憾也。养生丧死无憾，王道之始也。

“五亩之宅，树之以桑，五十者可以衣帛矣。鸡豚狗彘之畜，无失其时，七十者可以食肉矣。百亩之田，勿夺其时，数口之家可以无饥矣。谨庠序之教，申之以孝悌之义，颁白者不负戴于道路矣。七十者衣帛食肉，黎民不饥不寒，然而不王者，未之有也。

“狗彘食人食而不知检，涂有饿莩而不知发；人死，则曰：‘非我也，岁也。’是何异于刺人而杀之，曰：‘非我也，兵也。’王无罪岁，斯天下之民至焉。”

——节选自《孟子·梁惠王上》（中华书局 2016 年版）

译文

梁惠王说：“我对于国家，费尽心力了呀。河内遇到饥荒，就把那里的老百姓迁移到河东去，把别处的粮食转移到河内；河东遇到饥荒也是这样做。看邻国的政治，没有像我这样用心的。邻国的百姓不见减少，我的百姓不见增多，这是为什么呢？”

孟子回答说：“大王喜欢打仗，请让我用战争打比方吧。咚咚地敲响战鼓，两军开始交战，战败的扔掉盔甲拖着武器逃跑。有的人逃了一百步然后停下来，有的人逃了五十步然后停下来。凭自己只跑了五十步而耻笑别人跑了一百步，那怎么样呢？”

梁惠王说：“不行，只不过没有跑上一百步罢了，那也是逃跑啊。”

孟子说：“大王如果懂得这个道理，就不要指望自己的百姓比邻国多了。

“不耽误农业生产的季节，粮食就会多得吃不完；密网不下到池塘里，鱼鳖之类的水产就会多得吃不完；按一定的季节入山伐木，木材就会多得用不完。粮食和水产多得吃不完，木材多得用不完，这就使百姓对生养死葬没有什么遗憾了。百姓对生养死葬没有什么遗憾，这是王道的开端。

“五亩大的宅地，种上桑树，五十岁的人就可以穿上丝织品了。鸡、猪、狗的畜养，不要耽误它们的繁殖时机，七十岁的人就可以吃上肉食了。百亩大的田地，不要耽误它的耕作时节，几口人的家庭就可以不受饥饿了。认真地兴办学校教育，把尊敬父母、敬爱兄长的道理反复讲给百姓听，须发花白的老人就不会背负或头顶重物在路上行走了。七十岁的人能够穿上丝织品、吃上肉食，百姓没有挨饿受冻的，做到了这些而不能统一天下称王的，是从未有过的事。

“猪狗吃着人的粮食，却不知道制止，路上有饿死的人，却不知道开仓赈济；百姓死了，就说：‘这不是我的过错，是因为年成不好。’这与拿刀把人杀死后，说‘杀死人的不是我，是兵器’有什么不同？大王不要归罪于年成，那么天下的百姓都会来归顺了。”

启示

选文里讲，人们通过正常有序的劳作，可以穿上帛，可以吃上肉，这就是民富。其实，孟子这里说的五十岁、七十岁只是泛指，衣帛、食肉也只是一种指代，他提出的实际上是人民生活中最基本的两项保障——丰衣和足食。

2. 文化富足。

丰衣足食，这是生活层面的富足，而真正的民富，还要追求生命层面的富足——即在物质富足之后的精神富足，也就是经济富足之后的文化富足。因此孟子在对梁惠王的论说中，说完“衣帛”“食肉”“无饥”，就马上说到了文教，他说：“谨庠序之教，申之以孝悌之义，颁白者不负戴于道路矣。”在孟子心中，给民众以教化，使其懂得礼仪规范、仁义道理，能实现更高层次的民富。孔子的思想中同样包含这一点。

经典古文阅读篇目 2：

子适卫，冉有仆。子曰：“庶矣哉！”冉有曰：“既庶矣，又何加焉？”曰：“富之。”曰：“既富矣，又何加焉？”曰：“教之。”

——节选自《论语·子路》（中华书局 2016 年版）

译文

孔子到卫国去，冉有为他驾车。孔子说：“人口真多啊！”冉有说：“人口已经够多了，还要做什么呢？”孔子说：“使他们富起来。”冉有说：“富了以后还要做些什么？”孔子说：“对他们进行教化。”

启示

孔子与学生冉有的这番问答表达出，人口发展起来后，还应当使人民富裕，富裕之后，还要给人民提供教育。就此，孔子揭示了社会经由民富而至文昌的发展规律。

由此，我们就能够领会提倡文化兴国、重视文化软实力的必要性：文化教养，标志着民富的更高层次。

没有建立起稳固的精神家园，人的心灵就不能算是找到了安居之所；没有被文化滋养的心灵沃土，人的生活就不能算是充实富足。因此《周易》中说“观乎人文，以化成天下”。以文化人的过程，就是人们学习和提升的过程，就是文明推进的过程，就是文化兴国的过程，就是一个民族构建精神家园的过程，就是一个社会经由民富而至文昌的过程。

二、国强

如果说，一国的财富，主要包括经济和文化两个方面，那么，一国的强盛，则主要包括政治和军事两个方面。

政治的强盛，体现为对内的国家统一，以及对外的国际影响力。疆土归一、政权稳定、民族团结，才能使国内资源形成合力，形成势不可挡的大国力量。

在中华传统文化中，军事强盛的状态常常被阐释为有能力维持稳定的静态守备，而不是穷兵黩武的动态进攻。

兵强马壮，威仪赫赫，声名远播，令敌人不敢来犯，这就是“强兵”的本质追求；而使家国沦陷于战火，并不是军事强盛的本来面貌。

中国传统的“强兵”，是“不战而屈人之兵”；而一旦不可避免地开战，又是“上下同欲者胜”。

经典古文阅读篇目 3：

孙子曰：凡用兵之法，全国为上，破国次之；全军为上，破军次之；全旅为上，破旅次之；全卒为上，破卒次之；全伍为上，破伍次之。是故百战百胜，非善之善者也；不战而屈人之兵，善之善者也。

故上兵伐谋，其次伐交，其次伐兵，其下攻城。攻城之法，为不得已。修橹轒辒，具器械，三月而后成；距闉，又三月而后已。将不胜其忿而蚁附之，杀士卒三分之一，而城不拔者，此攻之灾也。

故善用兵者，屈人之兵而非战也，拔人之城而非攻也，毁人之国而非久也，必以全争于天下，故兵不顿而利可全，此谋攻之法也。

故用兵之法，十则围之，五则攻之，倍则分之，敌则能战之，少则能逃之，不若则能避之。故小敌之坚，大敌之擒也。

夫将者，国之辅也。辅周则国必强，辅隙则国必弱。

故君之所以患于军者三：不知军之不可以进，而谓之进，不知军之不可以退，而谓之退，是谓縻军；不知三军之事，而同三军之政，则军士惑矣；不知三军之权，而同三军之任，则军士疑矣。三军既惑且疑，则诸侯之难至矣，是谓乱军引胜。

故知胜有五：知可以战与不可以战者胜，识众寡之用者胜，上下同欲者胜，以虞待不虞者胜，将能而君不御者胜。此五者，知胜之道也。

故曰：知彼知己者，百战不殆；不知彼而知己，一胜一负；不知彼不知己，每战必殆。

——节选自《孙子兵法·谋攻篇》（中华书局 2017 年版）

译文

孙子说：大凡用兵作战的原则是，使敌人举国屈服，不战而降是上策，击破敌国就次一等；使敌人全军降服是上策，击破敌人的军队就次一等；使敌人全旅降服是上策，击破敌人一个旅就次一等；使敌人全卒降服是上策，击破敌人一个卒就次一等；使敌人全伍投降是上策，击破敌人一个伍就次一等。因此，百战百胜，不是高明中最高明的善用兵者；不用武力进攻就能使敌国降服，才是高明中最高明的善用兵者。

所以上等的用兵策略是以谋取胜，其次是以外交手段挫敌，再次是出动军队攻敌取胜，最下策才是攻打城池。攻打城池的手段，是不得已而为之。制造攻城用的盾牌和战车，准备各种攻城器械，需要花费三个月的时间；构筑攻城用的土山，又要三个月。将帅控制不住愤怒的情绪，驱使士卒像蚂蚁一样去爬梯攻城，结果可能是士卒伤亡三分之一，而敌城还是不能攻破，这便是攻城所带来的灾难。

因此，善于用兵的人，使敌人屈服而不是靠战争，攻取敌人的城池而不是靠硬攻，消灭敌国而不是靠久战，用完善的计策争胜于天下，因而兵力不至于折损，却可以获得全胜，这就是以谋攻敌的方法。

用兵的原则是：有敌方十倍的兵力就包围敌人，有五倍的兵力就进攻敌人，有两倍的兵力就分散敌人，有与敌方相当的兵力则可以抗击，兵力少于敌方就要设法摆脱敌人，兵力弱少就要避免与敌人正面战斗。所以弱小的军队顽固硬拼，就会变成强大敌军的俘虏。

将帅，是国家的辅佐。辅佐周密国家就会强大，辅佐疏漏那么国家必然衰弱。

国君对军队造成的危害有三种情况：不知道军队不能够进攻，而非要使其进攻，不知道军队不能够撤退，而非要使其撤退，这就束缚了军队的手脚；不通详三军的内部事务，而插手三军的行政，就会使将士们迷惑不解；不了解军中的权变之谋，而参与军队的指挥，就会使将士们疑虑重重。如果军队既迷惑又疑虑，诸侯国军队就会乘机进攻，灾难就降临到头上，这就是自乱其军而丧失了胜利。

预知取胜的因素有五点：懂得什么条件下可战或不可战的能取胜，懂得兵多兵少的不同用法的能取胜，全军上下一心的能取胜，以有备之师待无备之师的能取胜，将帅有才干而君主不从中干预的能取胜。这五条，是预知胜利的道理。

所以说：了解敌方也了解自己的，百战不败；不了解敌方而了解自己，胜负各半；既不了解敌方又不了解自己，每战必然失败。

启示

所谓泱泱大国，不仅仅是人口多、财富多、土地多、资源多，而且要在国家形象上体现出精神之大、责任之大、气度之大。

政治和军事的强大共同构成了国家的强盛，而国家强盛的内在自信和持久保障，是强而不霸、盛而不骄的大国智慧，这也是中华传统文化里中庸之道的高明体现。

第二节
社会主义核心价值观·民主

中华传统文化中的“民主”概念，是一种超越了一时一地限制，超越了制度层面的历史大观念，“民主”被先贤们传达出人文精神与济世关怀，具有永恒意义和价值，因不受时代、制度变迁所限而经典。

一、以民为主

“民主”在中华传统文化中，首先有“以民为主”的含义。

《尚书》曰：“民可近，不可下；民惟邦本，本固邦宁。”意思是：人民可以亲近而不可看轻；人民是国家的根本，根本牢固，国家就安宁。可见中国古代很早就产生了治国要“以民为主”的思想。

先秦诸子政治理想中体现出“民本思想”者，当以孟子为典型代表。孟子的思想体系，包括他的政治思想和伦理思想，都是以民本思想为中心的。

经典古文阅读篇目1：

庄暴见孟子，曰：“暴见于王，王语暴以好乐，暴未有以对也。”曰：“好乐何如？”

孟子曰：“王之好乐甚，则齐国其庶几乎！”

他日，见于王，曰：“王尝语庄子以好乐，有诸？”

王变乎色，曰：“寡人非能好先王之乐也，直好世俗之乐耳。”

曰：“王之好乐甚，则齐其庶几乎！今之乐犹古之乐也。”

曰：“可得闻与？”

曰：“独乐乐，与人乐乐，孰乐？”

曰：“不若与人。”

曰：“与少乐乐，与众乐乐，孰乐？”

曰："不若与众。"

"臣请为王言乐。今王鼓乐于此，百姓闻王钟鼓之声，管籥之音，举疾首蹙頞而相告曰：'吾王之好鼓乐，夫何使我至于此极也？父子不相见，兄弟妻子离散。'今王田猎于此，百姓闻王车马之音，见羽旄之美，举疾首蹙頞而相告曰：'吾王之好田猎，夫何使我至于此极也？父子不相见，兄弟妻子离散。'此无他，不与民同乐也。

"今王鼓乐于此，百姓闻王钟鼓之声，管籥之音，举欣欣然有喜色而相告曰：'吾王庶几无疾病与，何以能鼓乐也？'今王田猎于此，百姓闻王车马之音，见羽旄之美，举欣欣然有喜色而相告曰：'吾王庶几无疾病与，何以能田猎也？'此无他，与民同乐也。今王与百姓同乐，则王矣。"

——节选自《孟子·梁惠王下》（中华书局 2016 年版）

译文

庄暴来见孟子，说："我被大王召见，大王告诉我（他）喜好音乐的事，我没有话应答。"接着问道："喜好音乐怎么样啊？"

孟子说："大王如果非常喜好音乐，那齐国应该就能治理得差不多了！"

后来某一天，孟子觐见齐王，说："大王曾经和庄暴谈论过爱好音乐，有这回事吗？"

齐王（不好意思地）脸色一变，说："我并不是喜好古代先王（清静典雅）的音乐，只不过喜好当下世俗流行的音乐罢了。"

孟子说："大王如果非常喜好音乐，那齐国应该就能治理得差不多了！现在流行的俗乐与古代的雅乐也是一样的。"

齐王说："能说给我听听吗？"

孟子说："独自一人欣赏音乐快乐，与别人一起欣赏音乐也快乐，哪个更快乐？"

齐王说："不如与别人一起欣赏音乐更快乐。"

孟子说："与少数人一起欣赏音乐快乐，与多数人一起欣赏音乐也快乐，哪个更快乐？"

齐王说："不如与多数人一起欣赏音乐更快乐。"

孟子说："请让我为大王讲讲什么是真正的快乐吧。假如现在大王在这里奏乐，老百姓听到大王鸣钟击鼓、吹箫奏笛的声音，都愁眉苦脸地相互诉苦说：‘我们大王喜好演奏音乐，为什么让我们到了这般走投无路的境地呢？父亲和儿子不能相见，兄弟和妻儿分离流散。’假如现在大王在这里打猎，老百姓听到大王车马的喧嚣，见到华丽的旗帜，都愁眉苦脸地相互诉苦说：‘我们大王喜好打猎，为什么让我们到了这般走投无路的境地呢？父亲和儿子不能相见，兄弟和妻儿分离流散。’这没有别的原因，只因不与老百姓一起享受快乐。

“假如现在大王在这里奏乐，老百姓听到大王鸣钟击鼓、吹箫奏笛的声音，都眉开眼笑地相互告诉说：‘我们大王大概没有疾病吧，要不怎么能奏乐呢？’假如现在大王在这里打猎，老百姓听到大王车马的喧嚣，见到华丽的旗帜，都眉开眼笑地相互告诉说：‘我们大王大概没有疾病吧，要不怎么能打猎呢？’这没有别的原因，只因能与老百姓一起享受快乐。假如大王能和老百姓一起享受快乐，那就可以成就王业，使天下归服。”

启示

孟子认为，民为贵，社稷次之，君为轻，这是民本思想的体现。

二、为民做主

“民主”在中华传统文化中的第二层含义，是“为民做主”，这个概念是对于治国者，对于国家、政府而言的。

经典古文阅读篇目 2：

汤旱而祷曰：“政不节与？使民疾与？何以不雨至斯极也！宫室荣与？妇谒盛与？何以不雨至斯之极也！苞苴行与？谗夫兴与？何以不雨至斯极也！”

天之生民，非为君也；天之立君，以为民也。故古者列地建国，非以贵诸侯而已；列官职，差爵禄，非以尊大夫而已。

——节选自《荀子·大略》（《荀子新注》，上海古籍出版社 2018 年版）

译文

商汤因为大旱而向神祷告说："是我的政策不适当吗？是我役使民众太苦了吗？为什么旱到这种极端的地步！是我的宫殿房舍太华丽了吗？是妻妾嫔妃说情请托太多了吗？为什么旱到这种极端的地步！是贿赂盛行吗？是毁谤的人发迹了吗？为什么旱到这种极端的地步！"

上天生育民众，并不是为了君主；上天设立君主，却是为了民众。所以古代分封土地建立诸侯国，并不只是用来尊重诸侯而已；安排各种官职，区别爵位俸禄的等级，并不只是用来尊重大夫而已。

第三节
社会主义核心价值观·文明

社会主义核心价值观，在国家层面的第三个价值目标，是"文明"。

一、文明模式

中华文明的模式，是一种自新型、中和型的文明。

1. 自新型文明。

中华文明是自新型的文明，这源于儒家经典中的论述。《大学》开篇就称："大学之道，在明明德，在亲民，在止于至善。""亲民"就是"新民"，是要使人自新的意思，成就一个新我，改过向新、除旧布新，这就是学习的目的。对个人而言如此，对国家、对民族、对一种文明而言，更是如此。

经典古文阅读篇目 1：

汤之《盘铭》曰：“苟日新，日日新，又日新。”《康诰》曰：“作新民。”《诗》曰：“周虽旧邦，其命惟新。”是故君子无所不用其极。

——节选自《大学 中庸》（中华书局 2018 年版）

译文

商汤刻在澡盆上的箴言说：“如果能够做到一天新，就应保持天天新，新了还要更新。”《康诰》说：“激励人们弃旧图新。”《诗经》说：“周朝虽然是古老的邦国，但因为能革新自己而秉受天命。”所以，品德高尚的人在修养自新方面无处不追求完善。

启示

中华文明历史虽久，却不是因循守旧、故步自封的，早在 2 000 多年前，先贤就提出了“周虽旧邦，其命惟新”，提出了“苟日新，日日新，又日新”，国家虽古老，却不忘自我更新、推陈出新，每一天都能如新生一般吐故纳新。所以中华文明不是一成不变的，而是在坚守核心价值观的基础上，始终兼容并蓄、与时俱进，这才成就了其强大的生命力，这也是中华文明能够成为世界上唯一从未中断而鲜活至今的文明的原因所在。

2. 中和型文明。

中华文明更是中和型的文明。中，就是不偏不倚、正中正好、符合常理、恰如其分。“和也者，天下之达道也”，“和”在中国既是道德观念，也是哲学理念，既是艺术准则，也是生存方式。中是手段，和是目的。

经典古文阅读篇目 2：

喜怒哀乐之未发，谓之中；发而皆中节，谓之和。中也者，天下之大本也；和也者，天下之达道也。致中和，天地位焉，万物育焉。

——节选自《大学 中庸》（中华书局 2018 年版）

译文

喜怒哀乐没有表现出来的时候，叫“中”；表现出来符合节度，叫“和”。“中”，是人人都有的本性；“和”，是每个人必须遵循的原则。达到

“中和”的境界，天地便各在其位了，万物便生长繁育了。

启示

“致中和，天地位焉，万物育焉”，天地万物各安其土，彼此尊重，和平共处。

二、邦交文明

对于国家与国家之间的关系，中华文明向来主张坚持正义、坚持和谐：国家强大，不恃强凌弱；国家弱小，不欺软怕硬；国家有错，也不文过饰非。

经典古文阅读篇目 3：

九月甲午，晋侯、秦伯围郑，以其无礼于晋，且贰于楚也。晋军函陵，秦军氾南。

佚之狐言于郑伯曰：“国危矣，若使烛之武见秦君，师必退。”公从之。辞曰：“臣之壮也，犹不如人；今老矣，无能为也已。”公曰：“吾不能早用子，今急而求子，是寡人之过也。然郑亡，子亦有不利焉。”许之。

夜缒而出，见秦伯，曰：“秦、晋围郑，郑既知亡矣。若亡郑而有益于君，敢以烦执事。越国以鄙远，君知其难也。焉用亡郑以陪邻？邻之厚，君之薄也。若舍郑以为东道主，行李之往来，共其乏困，君亦无所害。且君尝为晋君赐矣，许君焦、瑕，朝济而夕设版焉，君之所知也。夫晋，何厌之有？既东封郑，又欲肆其西封，若不阙秦，将焉取之？阙秦以利晋，唯君图之。”秦伯说，与郑人盟。使杞子、逢孙、杨孙戍之，乃还。

子犯请击之。公曰：“不可。微夫人之力不及此。因人之力而敝之，不仁；失其所与，不知；以乱易整，不武。吾其还也。”亦去之。

——节选自《左传·僖公三十年》（中华书局 2016 年版）

译文

（鲁僖公三十年）九月初十日，晋文公和秦穆公联合围攻郑国，因为郑国曾对晋文公无礼，并且郑国依附于晋的同时又亲附于楚。晋军驻扎在函陵，秦军驻扎在氾水的南面。

郑国大夫佚之狐对郑伯说：“郑国处于危险之中了，假如让烛之武去见秦伯，（秦国的）军队一定会撤退。”郑文公同意了。烛之武推辞说：“我年轻时，尚且不如别人；现在老了，也不能有什么作为了。”郑文公说：“我早先没有重用您，现在情况危急了才来求您，这是我的过错。然而郑国灭亡了，对您也不利啊。”烛之武就答应了这件事。

夜里，郑人用绳子拴着烛之武将他从城上放下去。烛之武见到了秦穆公，说：“秦、晋两国围攻郑国，郑国已经自知要灭亡了。假如灭掉郑国对您有好处，那就冒昧地麻烦您赶快进攻吧。越过邻国把远方的郑国作为（秦国的）东部边邑，您知道这是很困难的。（您）为什么要灭掉郑国而给邻邦晋国增加土地呢？邻国的实力雄厚了，您秦国的实力也就相对削弱了。如果您放弃围攻郑国而让它作为东方道路上接待过客的主人，贵国的使节来来往往，（郑国可以随时）供给他们缺少的东西，对您也没有什么害处。而且您曾经给予晋惠公恩惠，他答应给您焦、瑕两座城池。（然而）他早上刚渡过黄河回国，晚上就修筑防御工事，这是您知道的。晋国，怎么会满足呢？（现在如果它）已经在东边使郑国成为它的边境，又想要向西扩大边界，如果不侵占秦国的土地，将从哪里得到（其所奢求的土地）呢？削弱秦国而使晋国得到好处，希望您考虑这件事。”秦穆公非常高兴，就与郑国签订了盟约。派遣杞子、逢孙、杨孙戍守郑国，于是撤军回去了。

晋国大夫子犯请求出兵攻击秦军。晋文公说：“不行。假如没有那个人（秦伯）的帮助，我是不会有今天的。依靠了别人的力量而又反过来损害他，这是不仁义的；失掉自己的同盟者，这是不明智的；用混乱相攻取代和谐一致，这是不符合武德的。我们还是回去吧。”晋军也就撤离了郑国。

三、人际文明

对于人与人之间的相处，文明的要求就是外在有礼、内在友善。

经典古文阅读篇目 4：

人之性恶，其善者伪也。

……

问者曰："人之性恶，则礼义恶生？"应之曰：凡礼义者，是生于圣人之伪，非故生于人之性也。故陶人埏埴而为器，然则器生于陶人之伪，非故生于人之性也。故工人斫木而成器，然则器生于工人之伪，非故生于人之性也。圣人积思虑，习伪故，以生礼义而起法度，然则礼义法度者，是生于圣人之伪，非故生于人之性也。若夫目好色，耳好声，口好味，心好利，骨体肤理好愉佚，是皆生于人之情性者也；感而自然，不待事而后生之者也。夫感而不能然，必且待事而后然者，谓之生于伪。是性伪之所生，其不同之征也。故圣人化性而起伪，伪起而生礼义，礼义生而制法度。然则礼义法度者，是圣人之所生也。故圣人之所以同于众其不异于众者，性也；所以异而过众者，伪也。夫好利而欲得者，此人之情性也。假之人有弟兄资财而分者，且顺情性，好利而欲得，若是则兄弟相拂夺矣；且化礼义之文理，若是则让乎国人矣。故顺情性则弟兄争矣，化礼义则让乎国人矣。

——节选自《荀子·性恶》（《荀子新注》，上海古籍出版社 2018 年版）

译文

人的本性是恶的，那些善良的行为是人为的。

有人问：人的本性是恶的，那么礼义是从哪里产生的呢？我这样回答：凡是礼义，产生于圣人的人为努力，而不是产生于人的本性。所以，陶器工人搅拌揉打黏土制成陶器，那么陶器产生于陶器工人的人为努力，而不是产生于陶器工人的本性。木匠加工木材制成木器，那么木器产生于木匠的人为努力，而不是产生于木匠的本性。圣人不断积累思虑，熟悉做各种人为的事，从而产生了礼义、建立了法度，因此礼义和法度便是产生于圣人的人为努力，而不是产生于人的本性。至于眼睛喜欢看美色，耳朵喜欢听乐音，嘴巴喜欢尝美味，内心喜欢财利，身体喜欢舒适安逸，这些都是产生于人的情欲本性的东西，是一有感觉就自然形成、不依赖于人为努力就会产生出来的东西。那些并不由感觉生成，必须靠后天人为努力然后才能产生的东西，便叫作产生于人为。这就是先天本性和后天人为所产生的东西及其不同的特征。所以圣人改变了邪恶的本性而作出人为的努力，人为努力的结果就产生了礼义，礼义产生后就制定了法度。所以礼仪和法度这些东西，都是圣人所创制的。所以圣人和众人相同而没有超过众人的地方，是先天的本性；圣人和众人不同而超过众人的地方，就是后天的人为努力。喜欢财利并希望得到，这是人的本性。假如有人弟兄间分财产，如果顺应人的本性，就都喜欢财利而且希望得到，那么兄弟之间就会互相争夺；如果受到礼义规范的教化去分配，那么就能互相推让。所以，顺应人的本性，兄弟之间就会争夺，接受礼义规范的教化，人们就会相互推让。

经典古文阅读篇目 5：

礼论

［宋］王安石

呜呼，荀卿之不知礼也！其言曰“圣人化性而起伪”，吾是以知其不知礼也。知礼者贵乎知礼之意，而荀卿盛称其法度节奏之美，至于言化，则以为伪也，亦乌知礼之意哉？故礼始于天而成于人，知天而不知人则野，知人而不知天则伪。圣人恶其野而疾其伪，以是礼兴焉。今荀卿以谓圣人之化性为起伪，则是不知天之过也。然彼亦有见而云尔。凡为礼者，必诎其放傲之心，逆其嗜欲之性。莫不欲逸，而为尊者劳；莫不欲得，而为长者让，擎跽曲拳以见其恭。夫民之于此，岂皆有乐之之心哉？患上之恶己，而随之以刑也。故荀卿以为特劫之法度之威，而为之于外尔，此亦不思之过也。

夫斫木而为之器，服马而为之驾，此非生而能者也，故必削之以斧斤，直之以绳墨，圆之以规，而方之以矩，束联胶漆之，而后器适于用焉。前之以衔勒之制，后之以鞭策之威，驰骤舒疾，无得自放，而一听于人，而后马适于驾焉。由是观之，莫不劫之于外而服之以力者也。然圣人舍木而不为器，舍马而不为驾者，固亦因其天资之材也。今人生而有严父爱母之心，圣人因其性之欲而为之制焉，故其制虽有以强人，而乃以顺其性之欲也。圣人苟不为之礼，则天下盖将有慢其父而疾其母者矣，此亦可谓失其性也。得性者以为伪，则失其性者乃可以为真乎？此荀卿之所以为不思也。

夫狙猿之形非不若人也，欲绳之以尊卑而节之以揖让，则彼有趋于深山大麓而走耳，虽畏之以威而驯之以化，其可服邪？以谓天性无是而可以化之使伪耶，则狙猿亦可使为礼矣。故曰礼始于天而成于人。天则无是，而人欲为之者，举天下之物，吾盖未之见也。

——选自《王文公文集》（上海人民出版社 1974 年版）

译文

唉，荀子不懂得礼啊！他说"圣人（用礼义法度等）改造人的自然本性，从而兴起后天的人为（使人具有崇高的境界）"，我因此知道他不懂得礼啊。懂礼贵在知道礼的本意，而荀子极力称赞礼的法度节奏的美，至于说到教化，就认为是后天人为的结果，又哪里知道礼的本意呢？礼仪从天性开始而通过人为完成，知道天性却不知道人为就会变得粗鄙，知道人为却不知道天性就会强调后天人为的作用。圣人厌恶人的粗鄙并憎恨后天的人为，因此礼就兴起了。现在荀子认为圣人用礼义法度去改造人的本性以兴起后天的人为，就是不能辨别天性的过错，但他也是由所见而阐发。凡是施行礼的人，一定会收敛他的放诞傲慢之心，违背他贪婪欲念的天性。没有人不想安逸，而要为尊贵的人劳作；没有人不想获取，而为长者谦让，拱手跪拜鞠躬行礼，来表现他的谦恭。百姓对于这些，哪里都有乐于这样做的想法呢？是担心地位高的人厌恶自己，而用刑罚责罚自己啊。所以，荀卿认为这只是法律约束的威势，是一种外在的治理，这也是没有仔细思考的过错啊。

砍伐树木把它制作成器具，驯服马匹让它成为座驾，这并不是凭它们的天性就能够做到的。所以一定要用斧子去砍削，用绳墨使木头变直，用圆规使木头变圆，用直尺使木头变方，捆束连接，再用胶黏它，用漆涂饰它，这样之后做成的器具就适于使用了。先用马嚼子、马笼头对马进行制约，再用马鞭对马进行威胁，松弛和加速、慢跑和快跑，马就不能获得自由，而全都听命于人，这样之后马就适于驾驭了。由此看来，没有人不是在外被胁迫而因武力服从的。然而圣人除了树木不制作器具，除了马匹不用作座驾，本来也是因为它们的天性就是这样的材料。现在人生下来就有尊敬父亲热爱母亲的本心，圣人顺应他们天性的欲求而又加以限制，所以这些限制虽然有强迫人的地方，但仍旧是顺应了他们天性的欲求啊。圣人如果不施行这些礼，那么天下大概将会有怠慢自己父亲和痛恨自己母亲的人了，这也可以说是失去了他的本性了。遵循本性被认为是人为，那么失去本性才能被认为是真实吗？这是说荀子没有思考的原因啊。

那猿猴的外形并非不像人，如果想用尊卑来约束它，用揖让来节制它，那么它们就向深山大麓逃跑了，即使用威严使它们畏惧，用教化使它们驯服，难道它们就会归服吗？认为天性中没有却可以通过教化以形成后天的人为，那么也可以让猿猴讲究礼节了。所以说礼从天性开始而在人为上完成，天性中没有的东西，却想要做成，遍举天下之物，我大概还没有见到过。

启示

《晏子春秋》中说，“凡人之所以贵于禽兽者，以有礼也”，孔子也说，“不学礼，无以立”。礼仪教化，是人类告别野性的转折点；礼仪风度，是君子为人立世的文明坐标。礼仪在外在，友善在内心，这样的个体精神叠加组合成了群体意识，进而形成了国家民族的文明形态。

《周易》中说，“文明以止，人文也”，又说“观乎人文，以化成天下”。自然天幕上的纹饰，是日月星辰，而人类社会中的纹饰，就是文明程度，用文明来教化天下，才是人文情怀，才能社会昌盛。

第四节
社会主义核心价值观·和谐

和谐，几乎可以算是中华传统文化中最具代表性的理念，是各家各派的共同主张，是万事万物的最高追求，是中国人从古至今一以贯之的文化心理、政治信条、智慧要求、艺术准则。所以，和谐的理念在中华文化中具有深厚根基。

一、人与自我的和谐

情绪内涵，能和情养性，不过分，情感外发，能和而有度，不过激，方能达到身心和谐。

经典古文阅读篇目 1：

有子曰：“礼之用，和为贵。先王之道，斯为美，小大由之。有所不行，知和而和，不以礼节之，亦不可行也。”

——节选自《论语·学而》（中华书局 2016 年版）

译文

有子说：“礼的运用，以和谐为可贵。过去圣明君王的治政之道，美好的地方就在这里，大小事情都这样。有行不通的时候，单纯地为和谐而求和谐，不用礼来节制，也是不可行的。”

经典古文阅读篇目 2：

知人者智，自知者明。胜人者有力，自胜者强。知足者富，强行者有志。不失其所者久，死而不亡者寿。

——选自《道德经·三十三章》（中华书局 2021 年版）

译文

能认识、了解别人的人是聪明的，能认识、了解自己的人则更为明智。能战胜别人的人是有力量的，能克制自己的弱点的人则更为强大。知道满足的人是富有的，坚持力行、努力不懈的人是有志的。不离失本分的人就能长久不衰，身虽死而“道”仍存的人是真正的长寿。

启示

对内修心，对外修行。修心，是修炼内在心性，正心诚意、戒性和情；修行，是修炼外在行为，言行有度、举止有礼。

二、人与社会的和谐

一个人自我修炼达标了，就要去处理与他人的关系。在社会中，我们会遇到与自己志同道合的人，也会遇到与自己意见相左的人，正是人们彼此之间的矛盾与调和、对比与映衬、冲突与融合、碰撞与交流，才交相辉映地构成了一个社会的无限张力与无穷活力。

经典古文阅读篇目 3：

子曰：“君子和而不同，小人同而不和。”

——节选自《论语·子路》（中华书局 2016 年版）

译文

孔子说：“君子讲求和谐而不盲目附从，小人盲目附从却不能和谐。”

经典古文阅读篇目 4：

大道之行也，天下为公。选贤与能，讲信修睦，故人不独亲其亲，不独子其子，使老有所终，壮有所用，幼有所长，矜寡孤独废疾者皆有所养。男有分，女有归。货恶其弃于地也，不必藏于己；力恶其不出于身也，不必为己。是故谋闭而不兴，盗窃乱贼而不作，故外户而不闭。是谓大同。

——节选自《礼记·礼运》（中华书局 2017 年版）

译文

在大道施行的时代，天下是人们所共有的。选拔品德高尚的人与能干的人，讲求诚信、修行和睦，所以人们不单奉养自己的父母，不单抚育自己的子女，而是使老年人能终其天年，中年人能为社会效力，幼童能顺利地成长，老而无妻的人、老而无夫的人、幼年丧父的孩子、老而无子的人、残疾或生病的人都能得到供养。男子有职务，女子有归宿。对于财货，人们憎恨把它扔在地上的行为，却不一定要自己私藏；对于能力，人们厌恶自己不能把它发挥出来，却不一定为自己谋私利。因此奸邪之谋不会发生，盗窃、作乱和害人的事情不会发生，所以家家户户的大门都不用关上了。这就叫作大同社会。

三、人与自然的和谐

“天人合一”是中国哲学的基本信条，儒道释三家都有相关阐述，这一观念对各种文化现象的影响也十分深远。

从今天的观点来看，天，可以理解为大自然，人，就是人类社会。人类与自然之间和谐相处，共同遵守同样的规律，构成在精神上、秩序上、利益上合而为一致的统一体。这也是人与自然最稳定的相处模式，不是征服与被征服之间的彼此角力，而是供养与建设之间的和谐共处。《庄子·齐物论》：“天地与我并生，而万物与我为一。”意谓宇宙万物与人浑然同为一体。

经典古文阅读篇目 5：

滕王阁序

［唐］王　勃

南昌故郡，洪都新府。星分翼轸，地接衡庐。襟三江而带五湖，控蛮荆而引瓯越。物华天宝，龙光射牛斗之墟；人杰地灵，徐孺下陈蕃之榻。雄州雾列，俊采星驰。台隍枕夷夏之交，宾主尽东南之美。都督阎公之雅望，棨戟遥临；宇文新州之懿范，襜帷暂驻。十旬休假，胜友如云；千里逢迎，高朋满座。腾蛟起凤，孟学士之词宗；紫电青霜，王将军之武库。家君作宰，路出名区；童子何知，躬逢胜饯。

时维九月，序属三秋。潦水尽而寒潭清，烟光凝而暮山紫。俨骖騑于上路，访风景于崇阿。临帝子之长洲，得仙人之旧馆。层峦耸翠，上出重霄；飞阁流丹，下临无地。鹤汀凫渚，穷岛屿之萦回；桂殿兰宫，列冈峦之体势。披绣闼，俯雕甍，山原旷其盈视，川泽纡其骇瞩。闾阎扑地，钟鸣鼎食之家；舸舰迷津，青雀黄龙之轴。虹销雨霁，彩彻云衢。落霞与孤鹜齐飞，秋水共长天一色。渔舟唱晚，响穷彭蠡之滨；雁阵惊寒，声断衡阳之浦。

遥吟俯畅，逸兴遄飞。爽籁发而清风生，纤歌凝而白云遏。睢园绿竹，气凌彭泽之樽；邺水朱华，光照临川之笔。四美具，二难并。穷睇眄于中天，极娱游于暇日。天高地迥，觉宇宙之无穷；兴尽悲来，识盈虚之有数。望长安于日下，指吴会于云间。地势极而南溟深，天柱高而北辰远。关山难越，谁悲失路之人；萍水相逢，尽是他乡之客。怀帝阍而不见，奉宣室以何年？

呜呼！时运不齐，命途多舛；冯唐易老，李广难封。屈贾谊于长沙，非无圣主；窜梁鸿于海曲，岂乏明时？所赖君子安贫，达人知命。老当益壮，宁知白首之心？穷且益坚，不坠青云之志。酌贪泉而觉爽，处涸辙以犹欢。北海虽赊，扶摇可接；东隅已逝，桑榆非晚。孟尝高洁，空怀报国之心；阮籍猖狂，岂效穷途之哭？

勃，三尺微命，一介书生。无路请缨，等终军之弱冠；有怀投笔，慕宗悫之长风。舍簪笏于百龄，奉晨昏于万里。非谢家之宝树，接孟氏之芳邻。他日趋庭，叨陪鲤对；今晨捧袂，喜托龙门。杨意不逢，抚凌云而自惜；锺期既遇，奏流水以何惭？

呜呼！胜地不常，盛筵难再；兰亭已矣，梓泽丘墟。临别赠言，幸承恩于伟饯；登高作赋，是所望于群公。敢竭鄙怀，恭疏短引；一言均赋，四韵俱成：

滕王高阁临江渚，佩玉鸣鸾罢歌舞。
画栋朝飞南浦云，朱帘暮卷西山雨。
闲云潭影日悠悠，物换星移几度秋。
阁中帝子今何在？槛外长江空自流。

——选自《古文观止》（人民文学出版社 2021 年版）

译文

南昌旧为豫章郡治所，如今是新置的洪州都督府。天上的方位属于翼和轸两个星宿的分野，地上的位置连接着衡山和庐山。以三江为衣襟，以五湖为衣带，控制着楚地，连接着闽越。物产华美，是上天的珍宝，宝剑的光芒直冲上牛、斗二星宿间；人物英杰，山川灵秀，陈蕃专为徐孺设下几榻。雄伟的州郡如云雾般缥缈壮观，杰出的人才像繁星一样活跃。城池坐落在夷夏交界之地，主人与宾客集中了东南地区的俊杰。都督阎公有崇高的名望，远道来到洪州坐镇；宇文州牧有美好的风范，赴任途中在此暂留。正逢十天一旬休假的日子，良友云集；不远千里来到这里，高朋满座。文坛领袖孟学士，文章的气势像腾起的蛟龙、飞舞的彩凤；王将军的武库里，藏有像紫电、青霜这样锋利的宝剑。由于家父在交趾做县令，我在探亲途中经过这个著名的地方；我年幼无知，竟有幸亲身参加了这次盛大的宴会。

时当九月，季值三秋。积水消尽，寒潭清澈，霞光凝聚，暮霭中山峦呈现一片紫色。在高高的山路上驾着马车，去崇山峻岭中访求风景。来到帝王之子的长洲，找到仙人居住过的宫殿。这里山峦重叠，青翠的山峰耸立，直入云霄；楼阁凌空，丹漆流光溢彩，向下看不到地面。白鹤漫步的沙滩，野鸭停息的小洲，极尽岛屿的迂曲回环之势；桂木建筑的楼殿，兰草装饰的宫室，跟起伏的山峦配合有致。打开雕花精美的阁门，俯视彩饰的屋脊，山峰平原尽收眼底，湖川曲折令人惊讶。遍地是里巷宅舍，许多钟鸣鼎食的富贵人家；船只塞满了渡口，尽是雕着青雀黄龙花纹的大船。正值虹消云散，雨过天晴，日光普照万里无云。落霞与孤鸭一起飞翔，秋水和长天连成一片。傍晚渔舟中传出的歌声，响彻彭蠡湖滨；雁群感到寒意而发出的惊叫，直到衡阳水滨。

放声长吟，俯视山川感到舒畅，超逸的兴致迅速飞腾。排箫的音响引来徐徐清风，柔缓的歌声引得白云驻足。今日盛会，好比睢园竹林的聚会，酒量豪情超过了陶渊明；今日赋诗，好比邺水赞咏莲花，文采诗才胜过了谢灵运。良辰、美景、赏心、乐事这四种美好的事物齐备，主贤、客佳这两个难得的条件也凑合在一起了。向天空中极目远眺，在假日里尽情欢娱。苍天高远，大地寥廓，令人感到宇宙的无穷无尽；欢乐逝去，悲哀袭来，我知道了事物的兴衰成败是有定数的。西望长安，远在夕阳之下，东指吴会，隐在云雾之间。陆地已到尽头，南海深不可测，天柱高耸，北斗星多么遥远。关山重重难以越过，有谁同情不得志的人；萍水偶尔相逢，大家都是异乡之客。怀念着君王的宫门而不被召见，哪年才能够去侍奉君王呢？

唉！各人的时运不同，人生的命运多有不顺；冯唐容易衰老，李广难以封侯。使贾谊受屈被贬于长沙，并不是没有圣明的君主；使梁鸿逃匿到齐鲁海滨，难道是没遇到政治昌明的时代？好在君子安于贫贱，通达的人知道自己的命运。年纪老了志气应当更加旺盛，怎知白发人的雄心？境遇困苦节操应当更加坚定，不能抛弃凌云壮志。即使喝了贪泉的水，心境依然清爽廉洁；即使身处干涸的车辙中，胸怀依然开朗愉快。北海虽然十分遥远，乘着大风还是能够达到；早晨虽然已经过去，珍惜黄昏却为时不晚。孟尝君心地高洁，但空怀报国的雄心；阮籍为人放纵不羁，怎能学他那种穷途的哭泣！

我王勃地位卑微，只是一个书生。虽然与终军同龄，却无处去请缨杀敌；我羡慕宗悫那种“乘长风破万里浪”的英雄气概，也有投笔从戎的志向。如今我抛弃了一生的功名，不远万里去朝夕侍奉父亲。虽然称不上谢家的“宝树”，却也愿学孟母择邻而居。不久我将见到父亲，聆听教诲；今天我有幸奉陪长者，喜登龙门。司马相如假如碰不上杨得意那样引荐的人，就只能抚拍着自己的文章而自我叹惜；伯牙既然已经遇到了锺子期那样的知音，就弹奏一曲《流水》又有什么羞愧的呢？

唉！名胜之地不能常游，盛大的宴会难以再逢；兰亭集会已为陈迹，金谷园也变成了废墟。承蒙这个宴会的恩赐，让我临别时作了这一篇序文；至于登高作赋，这只有指望在座诸公了。我只是冒昧地尽我微薄的心意，恭敬地作了短短的引言。在座诸位都按各自分到的韵字赋诗，我已写成了四韵八句：

巍峨高耸的滕王阁俯临着江心的沙洲，想当初佩玉、鸾铃鸣响的豪华歌舞已经停止了。

早晨，画栋飞上了南浦的云；黄昏，珠帘卷入了西山的雨。

悠闲的彩云影子倒映在江水中，整天悠悠然地漂浮着；景物变换，斗转星移，不知已经度过几个春秋。

昔日游赏于高阁中的滕王如今已不知哪里去了，只有那栏杆外的滔滔江水空自向远方奔流。

单元学习活动

◎在班级中组织一次小型读书会，挑选更多的与“富强、民主、文明、和谐”价值观相关的经典古文篇目进行交流，从而增进对社会主义核心价值观及其中华文化之源的理解。

第三单元

百家争鸣，博大精深

——中国古代思想文化

第一节
中国古代思想流派

一、春秋战国思想流派

1. 春秋战国：古代思想第一个高峰。

中国古代思想的第一个高峰出现在春秋战国时期。这个时期思想文化空前活跃，出现了诸子百家争鸣的盛况空前的学术局面，各学派著书立说，游说争辩，促进了政治、学术、思想的大融合和大发展，构成了中华文明的精华和基础。

春秋战国时期的思想高峰有其特定的时代背景。

第一，生产力的提高和社会经济的发展，为思想文化的发展提供了物质基础。

第二，阶级关系的变革、奴隶制的崩溃、封建制度的建立等一系列变革，为思想文化的繁荣提供了政治前提。

第三，激烈动荡的社会环境和社会变革，迫使人们去思索，众多思想家从不同角度发表见解，使得思想异常活跃，从而形成“百家争鸣”的局面。

第四，诸侯各国统治者基于争霸战争的需要和政治要求，纷纷网罗人才，优待知识分子，让其为争霸和社会变革出谋划策。这种宽松的文化环境和知识分子优越的地位，有利于思想文化繁荣。

第五，私学的兴起和讲学之风的出现，造就了一批有知识、有才干和敢于表达自己观点的思想家。

第六，中华民族融合的加强和各民族文化交流的扩大，丰富了华夏文化，有利于思想文化的繁荣和发展。

2. 春秋战国五大思想流派。

（1）儒家。

儒家学派由孔子创立，后有孟子、荀子等继承和发扬。“儒”最初指的是祭祀司仪，后来以此为基础逐渐形成完整的儒家思想体系，儒家学派是中国古代影响最大的思想流派，其思想成为历代官方意识形态的主流。

儒家坚持“亲亲”“尊尊”的礼法原则，维护“礼治”，提倡“德治”，重视“人治”。

儒家的“礼治”，根本含义为“异”，就是使贵贱、尊卑、长幼、亲疏各有其特定的行为规范。只有贵贱、尊卑、长幼、亲疏各有其礼，才能达到儒家心目中君君、臣臣、父父、子子、兄兄、弟弟、夫夫、妇妇的理想社会。国家的治乱，取决于等级秩序稳定与否。儒家的“礼”也是一种法的形式，以维护宗法等级制为核心，违反了“礼”的规范，就要受到“刑”的惩罚。

儒家的“德治”就是主张以道德去感化、教育人。儒家认为，无论人性善恶，都可以用道德去感化、教育。这种教化方式，是一种心理上的改造，使人心良善，知道耻辱而无奸邪之心。在儒家看来，这是最彻底、最根本和最积极的办法，断非法律制裁所能办到。

儒家的“人治”就是重视人的个性化，重视人可能的道德发展，重视人的同情心，把人当作可以变化并可以有很复杂的选择主动性和有伦理天性的“人”来管理统治。从这一角度看，“德治”和“人治”有很大的联系。“德治”强调教化的程序，而“人治”则偏重德化者本身，是一种贤人政治。

（2）道家。

道家学派的创始人是春秋时期的老子，反映他思想的著作为《老子》，又名《道德经》。《道德经》的问世，标志着道家思想正式成型。老子之后，道家内部形成派别林立、错综复杂的学术思想局面。战国时期道家学派的代表人物是庄周，著有《庄子》一书。

春秋战国时期的道家学说以老庄自然天道观为主，用“道”来探究自然、社会、人生之间的关系，主张“道法自然”；政治上主张“无为而治”，“不尚贤，使民不争”，即顺应自然规律，不强行干预，以达到社会和谐与稳定。在后来的发展过程中，道家又与其他学派交流融合，生成了黄老之学、道教思想、玄学等产物。

道家是诸子百家中极为重要的流派，对中国的哲学、文学、艺术、科技、医学、宗教等影响深远。

英国科学家、中国科技史研究专家李约瑟认为：中国人性格中有许多吸引人的因素都来源于道家思想。中国如果没有道家思想，就像是一棵深根已经烂掉的大树。道家思想乃是中国的科学和技术的根本，对中国科学史是有着头等重要性的。

（3）墨家。

墨家是诸子百家之一，与孔子所代表的儒家、老子所代表的道家共同构成了中国古代三大哲学体系。法家代表韩非称墨家和儒家为“世之显学”，而儒家代表孟子也曾说“天下之言，不归杨（杨朱，道家代表人物）则归墨（墨子）”，这些评价都证明了墨家思想曾经在中国的辉煌。

墨家学派约产生于战国时期，创始人为墨翟（墨子）。墨家是一个纪律严密的学术团体，其首领称“巨子”，成员到各国为官必须推行墨家主张，所得俸禄亦须向团体奉献。墨家学派有前后期之分：前期思想主要涉及社会政治、伦理及认识论问题，关注现世战乱；后期墨家在逻辑学方面有重要贡献，开始向科学研究领域靠拢。

墨家的主要思想主张是：爱无差别，人人平等相爱（兼爱）；反对侵略战争（非攻）；推崇节约，反对铺张浪费（节用）；掌握自然规律（天志）等。

因为墨家思想独有的政治属性，加之汉武帝“罢黜百家，独尊儒术”政策的深刻影响，墨家在后来的发展中逐渐失去了存身的现实基础，以至于逐渐衰微。直到清中叶后，学者们才从故纸堆中重新挖掘出墨家，并发现其进步性。近年来，经过一些新墨者的努力，墨家学说中的一些有益观点开始进入人们的视野。

（4）法家。

法家是先秦诸子中对法律最为重视的一派。法家学派代表新兴地主阶级的利益，早期代表人物有李悝、吴起、商鞅、慎到、申不害等，后期代表人物韩非是专制主义中央集权理论的集大成者。

法家以主张“以法治国”的“法治”而闻名，提出了一整套的理论和方法。这为后来建立的中央集权制的秦朝提供了有效的理论依据，随后汉朝继承了秦朝的集权体制以及法律体制，这就是我国古代封建社会的政治与法制主体。

法家在法理学方面作出了贡献，对于法律的起源、本质、作用以及法律同社会经济、时代要求、国家政权、伦理道德、风俗习惯、自然环境以及人口、人性的关系等基本问题都作了探讨，而且卓有成效。

法家也有其局限。比如，其极力夸大法律的作用，强调用重刑来治理国家，“以刑去刑”，而且是对轻罪实行重罚，迷信法律的作用。再如，法家认为人的本性都是追求利益的，没有什么道德的标准可言，所以就要用利益、荣誉诱导民众去行动。

（5）兵家。

兵家是诸子百家中研究军事理论、从事军事活动的学派。关于兵家的起源说法不一，有人认为兵家源于九天玄女，有人认为兵家鼻祖是吕尚，有人认为兵家源自道家，也有人认为兵家源自法家。《汉书·艺文志》将兵家分为兵权谋家、兵形势家、兵阴阳家和兵技巧家四类。兵家的代表人物有春秋时期的孙武、司马穰苴，战国时期的孙膑、吴起、尉缭等。今存有兵家著作《孙子兵法》《孙膑兵法》《吴子兵法》《六韬》《尉缭子》等，其中集大成者是《孙子兵法》。《孙子兵法》揭示了一系列具有普遍性的军事规律，形成了系统的军事理论体系，还包含着朴素的唯物论和辩证法思想，至今仍备受推崇。

诸子百家之中有文献流传的还有阴阳家、名家、杂家、农家、小说家、纵横家等，不一一赘述。

二、汉代以后的儒家思想发展

1.“罢黜百家，独尊儒术”。

“罢黜百家，独尊儒术”是西汉武帝在思想文化领域采取的政策，提出者是儒家学者董仲舒。《汉书·董仲舒传》中记载：“及仲舒对册，推明孔氏，抑黜百家。”《汉书·武帝纪》赞语云：“孝武初立，卓然罢黜百家，表章《六经》。”“罢黜百家，独尊儒术”的意思是贬低排斥其他各家思想，只尊崇儒家学说。此后的儒家思想，已非春秋战国时期的儒家思想原貌，而是掺杂了道家、法家、阴阳家等一些思想的一种与时俱进的新思想。它维护了封建统治秩序，神化了专制王权，因而受到中国古代封建统治者的推崇，被奉为正统和主流思想。

“罢黜百家，独尊儒术”政策的提出和实行，是中国历史上划时代的事件。其使得“大一统”思想作为一种主流意识形态得以定型，同时也作为一种成熟的制度得以定型，完成了封建专制体制政治结构的基本工程。这一政策几乎为以后各代统治者所遵奉，对我国文化教育事业的发展和民族共同心理素质的形成，产生了深刻影响。

2. 宋明儒家思想的传承和发展。

儒学发展至宋明时期，逐步形成多以阐释义理、兼谈性命为主的特点，称为“宋明理学”。

宋代程颢、程颐、朱熹把儒学进一步理论化，形成“程朱理学”。程朱理学是以儒家思想为基础，吸收佛教和道教思想形成的新儒学，其核心内容为：“理”是宇宙万物的本源，是第一性的；“气”是构成宇宙万物的材料，是第二性的。程朱理学把“天理”和“人欲”对立起来，认为人欲是一切罪恶的根源，因此提出“存天理，灭人欲”。

在程朱学派之外，宋明理学还存在其他学派，“陆王心学”就是其中最为重要的一种。“陆王心学”是南宋陆九渊和明代王守仁两学派的并称。陆九渊主张“心即理也”，为学以“发明本心”为主；王阳明倡导“致良知”和“知行合一”说。两派思想一脉相承，王阳明是心学的集大成者。阳明学是明代中晚期的主流学说之一，后传到海外，对东亚地区影响较大。

3. 明清时期的思想解放和启蒙。

明末清初，儒学中出现了具有民主色彩的思想家，例如并称为明末清初三大思想家的黄宗羲、王夫之、顾炎武，均以明道救世为己任，对封建君主专制制度弊端进行揭露和批判，全面总结和批判宋明理学，提出改革社会的启蒙思想，开创经世致用的务实学风。

清代末期，康有为、梁启超把西方思想与中国传统儒学相结合，宣传维新思想，力图变法自强，是为“戊戌变法”。

戊戌变法的主要内容有：改革政府机构，裁撤冗官，任用维新人士；鼓励私人兴办工矿企业；开办新式学堂培养人才，翻译西方书籍，传播新思想；训练新式陆军和海军。

戊戌变法是中国近代史上一次重要的政治改革，也是一次思想启蒙运动，其虽以失败告终，但是促进了思想解放，对社会的进步和思想文化的发展起了重要的推动作用。

第二节
中国古代修身齐家思想

一、家国情怀和家文化

在中国古代，以家庭为中心的文化衍生出自己的一整套思维和生活方式，突出表现为家国情怀。古人将中华民族特有的人生信条概括为“修身、齐家、治国、平天下”。这个信条由个人及家庭，由家庭及社会，由社会及国家，由国家及天下。这是中国人特有的人生观，实现了从家到国再到天下的升华，从中也可看出，家国情怀是起源于家文化的。

1. 中华民族的家国情怀。

（1）什么是家国情怀。

“国是千万家，没有国就没有家”，家国情怀是把家与国紧紧联系在一起的爱国情怀。国土和人民是国家的基本要素，没有生活在国土上的千千万万个人和家庭，就没有国家；没有国家的兴盛也就没有小家的平安。

家庭是社会的“细胞”，是社会的基本单位，也是人接受教育的第一场所。家文化具有天然的、自发的教育功能。家与家文化，对于中国人有着特殊的意义，从家庭到家族，到国家，到天下，中国人以家为纽带，安身立命、构建社会、管理国家、治理天下，世代传承。

家国情怀是一个人对自己国家和人民所表现出来的深情大爱，是对国家富强、人民幸福所展现出来的理想追求，是对自己国家的一种高度认同感、归属感、责任感和使命感的体现。

（2）家国情怀的传承。

家国情怀是中华传统文化中最活跃、最宝贵的精神资源。在中华民族驱逐外辱，实现民族独立、国家富强的过程中，家国情怀发挥了难以估量的积极作用。

家国情怀包括“无国则无家”和“保家卫国”这种“家国同构”的社会传统，还包括“修身、齐家、治国、平天下”这种把个人追求与社会目标统一起来的儒家信念。从中华民族的历史传承来说，家国情怀是读书人延续了千年的传统。自古以来，中国的知识分子就从家文化出发，把“家”与“国”紧紧联系在一起。

古往今来，家国情怀极大地鼓舞了士气、凝聚了力量、振奋了精神，既利国利民又利人利己。中华民族不断涌现满怀家国情怀的忠勇爱国志士，古有岳飞、文天祥、史可法等“精忠报国”，“留取丹心照汗青”，近现代，在民族史册上更是留下了邓世昌、林则徐、杨靖宇、谢晋元、张自忠、黄继光等爱国英雄的光辉名字。

（3）家国情怀的时代意义。

多一些家国情怀，就是要常怀爱人民之情。邓小平说过，“我是中国人民的儿子，我深情地爱着我的祖国和人民”，赤子情怀真挚热烈。领导干部的好榜样焦裕禄，“心里装着全体人民，唯独没有他自己”，他身患肝癌仍坚持工作在一线，奋斗到生命最后一刻。视人民的利益高于一切，常怀惦记之情，是家国情怀最温暖贴心的一面。

多一些家国情怀，就是要恪尽兴国之责。“苟利国家生死以，岂因祸福避趋之”，在中华民族的历史长河中，精忠报国始终是激昂的主旋律。在民族复兴的伟大征程中，每一个中国人都要以一种历史责任感和使命感，敢于担当、勇于奉献，以主人翁姿态建设好生于斯、长于斯的家园，为共和国大厦添砖加瓦。

多一些家国情怀，就是要少一些个人的卑琐与私利，多一些崇高和大气。“位卑未敢忘忧国”，封建士大夫尚且有“先天下之忧而忧，后天下之乐而乐”“安得广厦千万间，大庇天下寒士俱欢颜”的博大情怀，现代中国人更要有以天下为己任的家国情怀，常念民之冷暖，常思国之兴衰。

社会主义核心价值观从国家、社会、公民三个层面继承并发扬了“家国一体”的理念，更加科学地阐释了中国传统的家国情怀，并赋予其时代的新意。从历史苦难中重新崛起的中华民族更加期盼国家的“富强、民主、文明、和谐”，更加强调社会层面的“自由、平等、公正、法治”，更希望每一个公民“爱国、敬业、诚信、友善”，这正是国家政治文明与民族发展愿景的综合体现。

2.“修身、齐家、治国、平天下”。

（1）正人必先正己，治国必先治家。

在中国，说不完道不尽的，正是家国情怀。史书万卷，字里行间都是“家国”二字。数千年间，社会变迁，沧海桑田，中国人皆知“万物本乎天，人本乎祖”的规则，都遵循“敬天、法祖、重社稷”的古训，保家卫国成为中华民族一代又一代子孙的理想和抱负。

“修身、齐家、治国、平天下”——这是中华传统文化中知识分子尊崇的信条和最高理想。

孟子教育弟子说“天下之本在国，国之本在家，家之本在身”，即教导人们以自我完善为基础，通过治理家庭来治理国家，直到平定天下。

《礼记·大学》："古之欲明明德于天下者，先治其国；欲治其国者，先齐其家；欲齐其家者，先修其身；欲修其身者，先正其心；欲正其心者，先诚其意；欲诚其意者，先致其知；致知在格物。物格而后知至，知至而后意诚，意诚而后心正，心正而后身修，身修而后家齐，家齐而后国治，国治而后天下平。"这是对"修身、齐家、治国、平天下"的完整表述。

"修身、齐家、治国、平天下"，是一个循序渐进的发展过程，完成了前者才有后者。修身与齐家紧密地结合在一起，构成了家国情怀里"家"的思想基础。

（2）家文化是中华传统文化的瑰宝。

中华文明源远流长，家文化是中华文明的精髓，是中华民族的灵魂，它所起到的作用广泛而深远：培养亲情、稳定社会、处理矛盾、教育后代……家文化为中华民族的世代祥和、延绵传承作出了卓越贡献。

中国丰富的传统文化中有许多关于治家的内容，汇合而成就是家文化的源和流。历代流传下来的家谱、家史、家书、家训、家传、家风等，是这些内容的重要载体。例如，明末清初朱用纯编撰的《治家格言》（又名《朱子家训》），就是一种阐述修身治家之道的家教名著。此书当然带有时代的局限性，但许多内容在今天仍然有积极的启示意义。比如："一粥一饭，当思来处不易；半丝半缕，恒念物力维艰。""勿贪意外之财，勿饮过量之酒。""与肩挑贸易，毋占便宜；见穷苦亲邻，须加温恤。""刻薄成家，理无久享；伦常乖舛，立见消亡。""重资财，薄父母，不成人子。""见富贵而生谄容者，最可耻；遇贫穷而作骄态者，贱莫甚。""乖僻自是，悔误必多；颓惰自甘，家道难成。""人有喜庆，不可生妒忌心；人有祸患，不可生喜幸心。""家门和顺，虽饔飧不继，亦有余欢。"……

重视家庭是中华民族的文化传统，中华文明之所以能够绵延不绝，重要原因之一就是重视家庭，强调孝悌敬慈，以血缘关系为纽带的家文化对于文明的维系起到了巨大作用。在当代中国，我们应该继承中华文化的优良传统，应该重视家庭，重视家教，重视家风。

二、修身齐家的传统

1. 修身齐家的要求。

（1）修身：修养身心。

修身包括陶冶身心，涵养德性，修持品格。修身的具体行为表现为择善而从，博学于文，并约之以礼。修身并不是一蹴而就的事，并不是读了几本圣贤书就能养成圣贤者的品性。一个人即便学了再多的知识，看了再多的书，如果没有办法约束自己的言行，使之符合礼仪道德的规范，使自己的身心受益，并帮助他人成就善道，也无法达到修养身心的目的。

修身的本质是一个长期与自己的缺点和薄弱意志作斗争的过程，时时检束自己的言行，用真诚、仁爱、谦卑的情操去除思想中的杂质，自觉做到慎独、慎微、慎欲。修身的切实的办法是择善而学、择善而交：好学不辍，在学习过程中效仿好的品格和言行，修炼自身；通过与善友相互勉励来完善德行，培养志趣。

（2）齐家：管理家事。

齐家，也就是治家，整顿管理家事。语出《礼记·大学》："欲齐其家者，先修其身。"清代李渔《风筝误·闺哄》："不会齐家会做官，只因情法有严宽。"康有为《大同书》："夫强异类者以同居，以此而日言齐家，岂非怪谬！"齐家的意思从字面上看是使家族成员能够齐心协力、和睦相处。

齐家之要，在于孝悌。这是孔子伦理思想的核心。在他看来，在家族里孝敬长辈，爱护兄弟，既可以维护家族秩序，又可以放大到整个社会，教化百姓，构建起上下有序的社会秩序。

从修身齐家目标下修己安人的次序来讲，要治理好家族，就要先从个人做起，用心改变自己的态度习惯，成为一个具有良好德行的人。要修炼好自己的德行，一定要先从正心做起，使自己心性纯洁，心思端正。

2. 家文化的表达。

（1）家谱、家史。

中华民族特有的家文化世代相传，最典型的表现就是家谱的修订和传承。传统社会里，世代居住，延续百年、数百年的家族，多有家谱。家谱又称族谱、家乘、祖谱、宗谱等。它是一种以表谱为形式，记载以血缘关系为主体的家族世系繁衍和重要人物事迹的特殊图书体裁。就其内容而言，家谱是中华文明史中最具有平民特色的文献，记载的是同宗共祖的血缘集团世系、人物和事迹等方面的情况，并以家族重要人物的优秀事迹为标榜，约束和影响后人，以达到修身与传家的目的。

与家谱关系较为密切的家族文字是家史，家史是记述家庭的发展、变迁历史的一种文章样式。家史不完全等同于普通的家谱。因为家谱主要记述的是宗族的繁衍、世系的延续，行文极简，线条粗略，是纪实性资料，一般无突出的思想性。而家史则是介于历史和文学之间的一种独立的文体，具有历史和文学的某些基本特征，但又不同于一般的历史著作和文学作品。家谱与家史都以文字样式表述，配以图谱、图系。前者主要是以血缘关系为主体的家族世系繁衍的记录，后者是家族历史和文学样式的适当组合，重在情节的记叙。撰写家谱与家史的主要目的都是齐家——维持家族的稳定和发展，教育、引导家族后辈，延续家风，光宗耀祖。

（2）家书、家训。

在漫长的历史进程里，中国古人积累了大量家庭（家族）教育的宝贵经验，而且常常以文字形式将其记录下来，甚至编撰成著作，流传下去，以教导后辈，弘扬家风，振兴家族。因而以教育本家本族后辈为主要目的的家书、家训，成为古代家庭教育实现“齐家”目标的主要载体。

狭义的家书是指远在他乡的人与家里人相互来往的信件。广义的家书，也指长者留给后辈的文字性的规勉等。因此，家书不可避免地有教育引导、规劝言行的要求，以引导后辈注意修身，约束行为。在电报普及之前，家书是分居异地的家庭成员之间的主要沟通方式。杜甫在《春望》里这样描述：“烽火连三月，家书抵万金。”家书是维系家人情感的一种重要纽带，其中包含着浓浓的亲情。

家训，就是家规族训，是对子孙立身处世、持家治业的教诲，相当于为约束家族中人拟定的一定的行为规范。家训是中华传统文化的重要组成部分，是先辈留给后人的为人处世宝典。它在中国历史上对个人的修身、齐家和传统宗族教育发挥着重要的作用，更是国家安定和富强必不可少的重要社会文化基石。

中国古代的家书、家训起源很早，名作众多。如果追溯到西周，著名者有周公教诫子侄的《戒子伯禽》和《戒侄成王》。春秋战国时期有孔子教子的“庭训”、孟子之母的“母训”等。其后历代声名较著者有西汉刘向《诫子书》，三国诸葛亮《诫子书》《诫外甥书》，南北朝颜之推《颜氏家训》，北宋司马光《居家杂仪》《家范》《训俭示康》，南宋陆游《放翁家训》、朱熹《与长子受之》，明代徐媛《训子书》，明清之际朱用纯《治家格言》等。到了清朝，家书、家训就更多了。许多大户人家还把家书、家训、家诫中的名句撰写成楹联，高悬在门庭、中堂之上，以教诲子侄后辈。在清朝的家书、家训中，最广为流传的是《曾国藩家书》。

《曾国藩家书》是清末名臣曾国藩的书信集。该书信集记录了曾国藩在清道光、同治年间的翰苑和从武生涯，所涉及的内容极为广泛，是曾国藩一生的主要活动及其治政、治家、治学之道的生动反映。曾氏家书行文从容镇定，形式自由，随想而到，挥笔自如，在平淡家常中蕴含真知良言，具有极强的说服力和感召力。

比如，在为人处世方面，曾国藩一生要求自己以“拙诚”“坚忍”行事，亦如此规勉亲族。他在致其弟的信中说：“吾自信亦笃实人，只为阅历世途，饱更事变，略参些机权作用，把自家学坏了！……贤弟此刻在外，亦急须将笃实复还，万不可走入机巧一路，日趋日下也。”在持家方面，曾国藩教育子侄勤俭谦和，戒骄戒佚。他在家书中写道：“诸弟在家，总宜教子侄守勤敬。吾在外，既有权势，则家中子弟，最易流于骄，流于佚，二字皆败家之道也，万望诸弟刻刻留心，勿使后辈近于此二字，至要至要。”一部家书体现了这位名臣的学识造诣、道德修养以及家庭、家族教育理念。

单元学习活动

◎为什么家国情怀是中华传统文化中最活跃、最宝贵的精神资源？今天我们如何继承与弘扬家国情怀？

◎为什么“修身”与“齐家”密不可分？

◎“家俭则兴，人勤则健；能勤能俭，永不贫贱。”这是哪一部家书中的名言？试针对这句名言谈谈自己的感悟。

第四单元

四通八达连九州

——中国古代的陆路交通

第一节
中国古代陆路交通的发展概况

“阡陌交通，鸡犬相闻”（陶渊明《桃花源记》），这一名句中“交通”一词意为“交错通达”，由此引申开来，“交通”一词逐渐具备了我们现在所熟知的含义。

当今时代，交通高度发达，极大地方便了人们的生活，也促进了经济发展和文化交流。那么，中国古代的交通又是怎样的情况呢？下面，我们就一起走近中国古代的陆路交通，了解其发展演变过程。

交通是伴随着社会生产力的发展和商品交换的出现并日益频繁而产生、发展的。在远古时期，生产力极其低下，人们少有行走搬运的需求，因此他们的交往主要靠简单步行。随着社会生产分工的出现、产品交换的开始，交通应运而生，并逐渐成为一门相对独立的专门行业。

先秦时期，陆路交通方面，我国已经有了车和可以行驶牛车和马车的古老道路。到了周代，建成连接镐京（今陕西西安附近）和洛邑（今河南洛阳附近）的宽阔大道——周道；初步形成了道路系统，并设置了司空官，专职管理交通、守卫道路。春秋战国时期，频繁的诸侯交战促进了道路的发展，除修筑用于通行战车的道路外，还于沿途设置了驿站，用于传递接待。交通工具方面，魏晋之际史学家焦周在《古史考》中写道：“黄帝作车，引重致远，少昊时略加牛，禹时奚仲加马。”《左传》等古书则记载车为夏代的奚仲所造。至春秋战国时期，“千乘之国”“万乘之国”标志着车的发展达到空前规模。

秦始皇统一中国后，修筑了以咸阳为中心，通往全国各地的有统一质量标准的“驰道”以及连接关中平原与河套地区、主要用于军事的直道。据记载，直道最宽处可供几十驾马车并排行驶。秦始皇还颁布“车同轨”（全国车辆使用统一的轨距）的法令，适应了长途运输的需求，具有较高的经济效益和社会效益。汉代则在驰道两旁种植林荫起到养护作用，同时开辟了通往中亚、西亚、欧洲和北非的丝绸之路。

隋唐时期，伴随着生产力的日益发展，交通也进入了一个新的发展时期。隋代修筑道路沟通全国，唐代更是广设馆驿，构成了以都城长安为中心的四通八达的全国交通网，使得长安成为国内与国际的陆路交通枢纽，成为当时的国际大都会。宋代在城市道路建设和交通管理方面有了长足发展，我们从《清明上河图》中可窥见一二。元朝疆域辽阔，陆路交通以大都为中心，向东北、西北、西南方向延伸更广。明代基本承袭元代的陆路交通格局，而以南京和北京为中心。

清代在陆路交通方面做了多次整顿，布局更为合理有效，并设置了三等驿路体系——官马大路、大路、小路。官马大路为交通干线，大路为各省之间相通及各省内修筑的支线，二者均为当时重要的官方文书传递、军事行动及通商的路线。但由于清后期国力的衰弱和闭关锁国政策的影响，交通的发展受到制约。1840 年鸦片战争后，近代交通逐步发展起来。

第二节
中国古代陆路交通的主要工具——车

《史记·夏本纪》记载夏禹“陆行乘车，水行乘船，泥行乘橇，山行乘樏”，足迹踏遍黄河、长江两大流域。由此可见，在原始社会，人们的出行方式就已呈现多样化。下面，就让我们由古老的汉字入手，了解中国古代陆路交通的主要工具——车。

一、车的基本作用

车，甲骨文为，金文为，字的构形中都包含车的基本部件：两

个车轮，一个车厢，一根大车轴。

中国是世界上最早使用车的国家之一。车是一种陆上交通工具，有轮子是其基本特征之一。据推测，最早的车是为战争发明的，可于步兵对阵中创造特殊的攻防优势，类似于今天的坦克。古代的兵车每车驾两匹马或四匹马，四匹马一辆车合称为“一乘”。每辆兵车上一般配有三名甲士，按左、中、右排列。左边为一车之首，称为“车左”或“甲首”，持弓箭主射；右边称为“车右”或“参乘”，持戈、矛作战；中间为驭手，主管战车的驾驭。到春秋战国时期，车在大型战争中已成为胜负的关键要素。正是战争的强大驱动力使战车迅速进化，最终成为民用的交通工具。

除作战和运输功能之外，车还具有表明人身份地位的礼制方面的作用。

相传孔子有弟子三千，贤者七十二，他最喜爱的弟子是颜回，然而，天妒英才，颜回三十而夭，孔子很伤心。《论语》记载，颜回死，“子哭之恸”，有人说孔子悲痛过度，孔子回答说：我不为这个人悲伤，还为谁悲伤呢？但是，当颜回的父亲颜路请求孔子把车卖掉，来为颜回买椁时，却遭到了孔子的拒绝。孔子说：我不能卖了车为他买椁，我虽然只是一个下大夫，可我不能不乘车而步行。这并非由于孔子吝啬，或者颜回在孔子心中的地位没有一辆马车重要。孔子认为毕竟是父葬子，置办外椁并无必要，但关键原因还是卖掉车子于礼有失。按照当时的礼制，大夫级别的官员外出必须坐车，卖掉车子步行就违背了礼制。由此可以看出，车对于当时的人们来说非常重要，特别是对于士大夫阶层，它不仅是代步工具，更是彰显身份地位的标志。

“贵者乘车，贱者徒行”，而乘哪种车，有多少侍者，又表明了乘车者的官位高低。以汉代为例，不同等级的官吏都有相应的座驾。这些车外形基本相似，而在构件的质地、车饰的图案、车盖的大小和用料、马的数量等方面各有差异，并有各自的名称。另外，除贵族和官吏本人乘坐的主车外，导车、从车和骑吏的数量也有规定。如：三百石以上的官吏，前有三辆导车，后有两辆从车。三公以下至二千石，骑吏四人；千石以下至三百石，骑吏两人。骑吏皆骑马佩剑在前开道。

二、车的基本构成

1. 车身部分。

古代车的车身部分基本构件有舆、轸、轼、輢、辕等。

（1）舆。

《说文解字》："舆，车舆也。"舆就是车厢。

（2）轸。

《说文解字》："轸，车后横木也。"《考工记图》："舆下四面材合而收舆谓之轸，亦谓之收，独以为舆后横者，失其传也。"由此可知，轸就是古代车厢底部四周的横木，分两侧和前后共四根，其共同组成的结构称为轸框，是车厢底座支架的主要部分。

（3）轼。

《说文解字》："轼，车前也。"《说文通训定声》："车阑上之木周于舆外者，在前曰轼。"轼就是古代车厢前面供立乘者凭扶的横木。

轼是古代车舆上的一个小部件，但却有其特殊的礼仪功用。古人乘车时如需向途中所遇者表示敬意，常用的一种方式便是抚轼俯身，这种乘车之礼亦称作"轼"。比"轼"更恭敬的方式，则有"下车"。《礼记·曲礼上》有云："国君抚式，大夫下之。大夫抚式，士下之。"意思是：国君在途中遇到大夫，便抚轼示礼，而大夫则下车还礼。大夫在途中遇到士，便抚轼示礼，而士则下车还礼。

（4）輢。

《说文解字》："輢，车旁也。"段玉裁注："谓车两旁，式之后、较之下也。……輢者，言人所倚也。前者轛之，故曰轛；旁者倚之，故曰輢。"輢就是古代车厢两旁可供人倚靠的木板。

（5）辕。

《说文解字》："辕，辀也。"《说文通训定声》："大车、柏车、羊车左右两木，曰辕，其形直，一牛在辕间；田车、兵车、乘车皆居中一木，穹隆而上，曰辀，其形曲，两马在辀旁。"辕就是古代车前驾牲畜的直木，压在车轴上，伸出车舆的前端。

2. 运转部分。

古代车的运转部分基本构件有轮、辐、轴、毂、辋、辖等。

（1）轮。

轮就是车轮，安在车轴上，可以转动使车行进，也被称为“车轱辘”。

关于轮的制作，《荀子·劝学》中有这样一段描述：“木直中绳，輮以为轮，其曲中规。虽有槁暴，不复挺者，輮使之然也。”它揭示了轮子制作的基本步骤——使之弯曲。

《说文解字》：“轮，有辐曰轮，无辐曰辁。”那么“辐”又是什么呢？

（2）辐。

《诗经·小雅·正月》：“员于尔辐。”郑玄笺：“辐，谓轮中木之直指者。下有菑以指辋，上有爪以凑毂。”辐就是插入轮毂以支撑轮圈的一根根直棍。古代将没有辐的木车轮称为“辁”。

（3）轴。

《说文解字》：“轴，持轮也。”轴就是贯持在车轮中间的圆柱形部件，车轮绕着轴转动。

（4）毂。

《说文解字》：“毂，辐所凑也。”毂就是车轮中心的圆木，周围与车辐的一端相接，中有圆孔，可以插轴。

《楚辞·九歌·国殇》“操吴戈兮被犀甲，车错毂兮短兵接”中的“毂”就取其本义。《战国策·苏秦始将连横》“转毂连骑，炫熿于道”中的“毂”则泛指车。

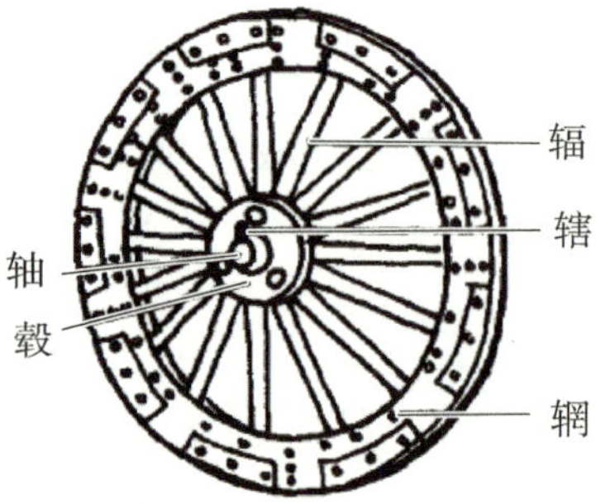

古代车轮的构造

（5）辋。

《释名·释车》：“辋，罔（网）也，罔（网）罗周轮之外也。”辋就是车轮的外周。

（6）辖。

徐灏《说文解字注笺》：“车辖，贯轴耑孔以关毂。”辖就是古代车轴末端安装的挡铁，用以防止车轮脱落。

三、车的发明及使用概况

相传在 4 000 多年前的黄帝时代，中国人就已经创造了车。

先秦时代基本将车分为“大车”“小车”两大类。“大车”指的是牛车或车厢较大的车。“小车”也叫轻车或戎车，指的是马车或车厢较小的车。“小车”之所以又叫戎车，是由于其多用于战争。战国时，由于连年战争，战车的多少便成了一个国家强弱的重要标志。

到了汉代，车有了很大发展和变化，双辕车逐渐取代独辀车，车的主要用途也从作战变为日常的载人装货。从先秦至两汉，人们普遍崇尚马车，以马车显示尊贵，乘牛车被视为卑贱之事。当时的贵族随葬品只用马车，而不用牛车。汉代车舆制度明文规定“贾人不得乘马车”，所以牛车在汉代就成为商人们运货载人的主要交通工具了，不少富商拥有成百上千辆牛车。此外，当时的一些贫寒文人或落魄之士，因无资格乘马车，于是多乘坐一种辘车。

货运方面，汉代出现了独轮车（又称辘车），这是一种既经济又实用的交通运输工具。据研究，古代的“木牛流马”很有可能就是一种特殊的独轮车。

两晋南北朝时期，士族对于车辆的爱好依旧不减，然而牛车取代了马车，逐渐得到了他们的青睐。由于牛车行走缓慢而平稳，车厢宽敞高大，可供随意坐卧，迎合了贵族喜好安逸享乐的需求，特别是晋室南渡以后牛多马少，故当时乘坐牛车不仅不再是低贱之事，反而成为贵族间的一种时尚新潮流。至南北朝时，牛车极度盛行，甚至满朝上下“无乘马车者”，高级官员骑马或乘马车还会遭到弹劾。马车的使用日益萎缩，多用于战事及礼仪祭祀场合。

当然，乘牛车也和乘马车一样，有上下等级之分。例如，晋代王公乘“云母车”，该车带屏障、配八牛，车身饰以云母；三公有德行者乘黑漆车轮和车毂的“皂轮车”，配四牛。北魏皇帝出行时乘坐的大楼辇，配十二牛。

普通百姓则乘用较为简易的民用牛车。

隋唐时期，骑乘之风盛行，上至王公贵族，下至平民百姓，皆喜骑马代步，马成为此时较受欢迎的交通工具。与此同时，在礼制场合或出于出行舒适、运输货物等需求，人们亦多乘用车。唐代之后，牛车和马车的使用均较为普遍，且大城市中车的数量众多，人们还设置了车坊以便存放车辆。

明清时期陆续出现了许多新型车辆和异型车辆。比如，明代时人们为了运输建筑材料，曾经设计制造了八轮车。又如，清代时出现了铁甲车和轿车。铁甲车有四轮，车厢包以铁叶，以保护乘车人安全。轿车是马车与轿子结合的产物，外形如轿，用马和骡拉挽，两个车轮都在车辕的尾部。

四、特殊的车

在中国古代车辆的发展过程中，出现过一些特殊的车。下面我们通过其中几种来感受古人造车的智慧。

1. 轿子。

轿子是古代一种特殊的乘载工具，据记载起源于夏代。《史记·夏本纪》记载夏禹“陆行乘车，水行乘船，泥行乘橇，山行乘檋”，其中这个“檋”，可视为一种原始的轿子。根据文献记载，檋是一种山行交通工具，使用时负在一前一后两个人肩上，远望过去“状如桥中空离地也”（《癸巳类稿·轿释名》），而其具体形状目前还无从可考。

在魏晋以前，除了帝王乘坐步辇外，轿子主要用于爬山逾岭或作为老人、病人等步行不便者的代步工具。魏晋南北朝时，轿子逐渐成为达官贵族日常使用的代步工具，由于当时抬轿方式主要为肩扛，故又称“肩舆”。隋唐时期，轿子的使用更加广泛，这一时期出现了“腰舆”。宋代开始，轿子大兴，在民间也逐渐普及起来，“轿子”这一名称正式出现。这一时期轿子的形制发生了很大改变，轿身增高，轿杆固定在轿身中部，安装高脚座椅以供垂足而坐，轿身开有窗户，挂有帷幔，乘坐舒适性不断提升。直到明清时期，轿子都是人们生活中一种重要的出行工具。

古代的轿子，按照遮蔽程度的不同，可分为两种类型，一种是不上帷子的凉轿，也叫亮轿或显轿，另一种是上帷子的暖轿，又叫暗轿；按照材料的不同，可分为竹舆、篮舆、板舆等；按照抬扛方式的不同，可分为腰舆和肩舆；按照用途的不同，可分为山轿、梯轿、花轿等。与乘车一样，古代乘轿也有一套等级制度。比如清代不同官品和身份的官员所乘的轿子在形制类型、帷帐的用料及颜色等方面皆有严格的区分。

2. 记里鼓车。

记里鼓车又称“记里车”“司里车”“大章车”等，是中国古代一种用于计算道路里程的车。《晋书·舆服志》：“记里鼓车，驾四，形制如司南，其中有木人执槌向鼓，行一里则打一槌。”晋人崔豹所著的《古今注》中亦有类似的记述。由此可见，记里鼓车在晋或晋以前即已发明。

根据各类文献的记述，记里鼓车分上下两层，上层设一镯，下层设一鼓，两层各设一个小木人，分别专司击镯和击鼓。车子内部的装置主要是一套减速齿轮系统，整个齿轮系统与车子同行同止。当车子运行一里，控制击鼓木人的中平轮恰好转动一周，司鼓木人便击鼓一次；当车子运行十里，控制击镯木人的上平轮恰好转动一周，司镯木人便击镯一次。根据木人击镯和击鼓的次数，即可知道车子运行的里程。

记里鼓车的创制反映了古人对齿轮系统传动原理的深刻认识，以及高超的设计思想和技术水平。

3. 指南车。

指南车是中国古代一种具有辨别方向功能的车子。传说4 000多年前，黄帝和蚩尤作战，蚩尤为使自己的军队不被打败，便作雾气，使黄帝的军队迷失了方向。后来，黄帝制造了指南车，靠指南车辨别了方向，终于打败了蚩尤。又传说约3 000年前，远方的越裳氏派遣使臣到周朝，使臣迷失了回程的路线，周公遂制造指南车相赠，以作为指向工具。然而这些都不是信史，有史料依据的指南车产生于三国时期。当时在魏国担任给事中官的马钧对传说中的指南车极有兴趣，决心要把它重造出来。然而，同朝的许多官员认为传说中的指南车实际并未存在过，不相信马钧能造出指南车。双方在魏明帝面前进行一番争论后，明帝遂令马钧制造指南车。马钧在没有资料、没有模型的情况下，苦心钻研，终于制成了指南车，使得“天下服其巧也”。

指南车的构造运用了差动齿轮的原理。其车厢中央有一个大平轮，上面竖立着一个木人；大平轮两旁，装着很多小齿轮。如果车子向左转，右边的车轮就会带动小齿轮，小齿轮再带动大平轮，使大平轮相反地向右转。如果车子向右转，道理同样。因此，只要在指南车开动前，预先让木人的手指向南方，那么行进过程中，无论车子如何转向，木人的手便会始终指向南方，从而达到指示方向的目的。

单元学习活动

◎除了轿子、记里鼓车、指南车外，中国古代还有许多特殊的车，试查阅资料，选择其中一种，介绍它的由来、作用以及构造原理。

◎宋代文学家苏轼，字子瞻；其弟苏辙，字子由。试阅读苏洵《名二子说》等相关资料，谈谈你对苏氏兄弟的名和字的理解。

第五单元

世界建筑的瑰宝
——中国古代建筑

第一节
中国古代建筑概况

一、中国古代建筑的发展过程

中国古代建筑具有辉煌而独特的建筑技术和艺术成就，是公认的世界建筑史上最有影响力的建筑体系之一。其发展过程可分为如下四个阶段。

1. 创始阶段。

从原始社会至西周，中国古代建筑处于创始阶段。

早在旧石器时代，原始人类就已经知道利用天然的洞穴作为栖身之所。到了以定居为基础的新石器时代，黄河流域的人们利用黄土层为墙壁，用木构架、草泥建造穴居和半穴居住所，进而发展为土木混合结构的地上建筑，并形成聚落。长江流域则因潮湿多雨，常有水患兽害，发展为干栏式建筑。对此，古代文献中多有“构木为巢，以避群害”“上者为巢，下者营窟”等类似的记载。据考古发掘，在距今六七千年前，中国古人已能使用榫卯构筑木架房屋（如浙江余姚河姆渡遗址）。黄河流域发现有不少以大房子为中心的原始聚落（如西安半坡遗址、临潼姜寨遗址），在这些聚落中，居住区、墓葬区、制陶场等分区明确，布局有致，建筑木构架的形制已经出现，房屋平面形式也因功用不同而有圆形、方形、吕字形等。这是中国古代建筑的草创阶段。

到了夏商周时期，建筑技术又有了较大的发展。夯土技术形成并广泛应用于筑墙造台。如河南偃师二里头遗址（夏商时期），有长、宽百米的夯土台，据考古研究推测，台上原建有八开间的木构殿堂，周围有廊庑环绕。此时木构架技术较之原始社会有了很大提高，已有斧、刀、锯、凿、钻、铲等加工木构件的专用工具。西周兴建了丰京、镐京和洛阳的王城、成周；各诸侯国均各自营造了以宫室为中心的都城。这些都城均为夯土版筑，城墙外周以城濠，辟有高大的城门。宫殿布置在城内，建在夯土台之上，木构架已成为主要的结构方式，屋顶已开始使用陶瓦，而且木构架上饰用彩绘。这一时期，木构架承重，重要建筑使用斗拱为承托构件，院落式布局的建筑体系特点已基本形成，这是中国古代建筑发展的基础。

2. 定型阶段。

从春秋至南北朝，是中国古代建筑的定型阶段。在这一历史阶段，中国古代建筑体系逐渐定型，并形成了其后 1 000 多年中国古代木构建筑的主体构造形式，城市的格局、宫殿建筑和礼制建筑的形制得以确立，佛塔、石窟寺、住宅、门阙、望楼等建筑类型都已齐备。

春秋战国时期，各诸侯国皆大兴土木，“高台榭，美宫室”。秦始皇统一六国后，开启了不少规模空前的建筑工程，如咸阳各新宫、秦始皇陵等。此外，又派蒙恬率领 30 万人“筑长城，固地形，用制险塞”。

汉代建筑进一步发展繁荣，木构建筑日趋成熟，砖石建筑和拱券结构有了发展。汉代宫殿突出雄伟、威严的气势，后苑和附属建筑却又表现出雅致、玲珑的柔和之美，这与秦代相比在建筑艺术上又有了很大的进步。城市建设飞速发展，长安、洛阳两都规模空前，规划布局也更加完善。

魏晋南北朝时期，在原先建筑各方面继续发展的同时，由于佛教盛行，寺塔、石窟等佛教建筑涌现并发展兴盛。据记载，北魏仅洛阳就建有佛寺 1 000 多所。南朝都城建康也建有佛寺约 500 所。不少地区还开凿石窟，雕造佛像，重要石窟有大同云冈石窟、敦煌莫高窟、天水麦积山石窟、洛阳龙门石窟等。

3. 成熟阶段。

隋唐至宋辽金时期是中国古代建筑发展成熟的阶段，这一阶段建筑类型更为完善，规模更为宏大，图样和模型在建筑设计和施工中广泛应用，建筑技术各方面持续进步。

隋唐时期建筑的主要成就体现在城市建设和皇宫建筑方面。隋唐兴建的长安城是中国古代最宏大的城市之一，方整对称，分区明确，街道整齐。唐代增建的大明宫，特别是其中的含元殿，气势恢弘，高大雄伟，充分体现了大唐盛世的时代精神。此外，隋唐时期还兴建了一系列宗教建筑，以佛塔为主，如玄奘塔、大雁塔等。这一时期的建筑既继承了前代成就，又融合了外来元素，形成一个独立而完整的建筑体系，把中国古代建筑推至成熟阶段，并远播影响于朝鲜、日本等地。

五代至宋辽金时期，由于南北分裂、政权并存，建筑表现出较为明显的地域特色。建筑规模相比前代有所缩减，少有长安那么大规模的都城与宫殿。但由于商业、手工业的发展，城市布局以及建筑技术与艺术方面，都有不少提高与突破。譬如城市渐由前代的里坊制演变为临街设店、按行成街的布局。与隋唐时期建筑气势雄伟、粗犷简洁、色彩朴实的风格相比，这一阶段建筑在细节上有较大发展，呈现出精巧细腻、色彩绚丽的特点。

4. 持续发展渐趋衰落阶段。

这一阶段指元明清时期，由于中国古代社会的发展已至后期，社会经济等方面发展缓慢，传统建筑持续发展而渐趋衰落。这里所说的衰落是指其体系的凝固化和不适应性，并非建筑技术上的后退。

这一历史阶段建筑发展的特点表现为：木构架技术的变革——拼合梁柱的大量使用，斗拱作用的衰退，模数制的进一步完成促使设计标准化、定型化以及砖石建筑的普及；施工机构的双轨制及设计工作的专业化；个体建筑形制的凝固，总体设计的发达。

明清两代距今较近，许多建筑佳作得以留存至今，如明清北京城、故宫和一些大型的皇家园林、众多的私家园林以及许多著名的寺观建筑。

二、中国古代建筑的基本类型

中国古代建筑按功能的不同可分为以下七大基本类型。

1. 居住建筑。

居住建筑是中国古代先民最早创造的建筑类型。早期的居住建筑主要有穴居和干栏两种形式。在其后漫长的发展过程中，传统居住建筑不断丰富完善，并因各地区自然环境和人文情况不同，呈现出多样化的面貌，比如北方四合院、江南民居、客家土楼等。

2. 城市公共建筑。

中国古代的城市公共建筑主要包括城墙、城楼与城门，以及钟楼、鼓楼、街、书院等。

城墙是中国古代城池的防御工事。早期的城墙使用夯土筑造。三国至南北朝出现在夯土城墙外包砌砖壁的做法。宋代中国南方城市城墙外表面包砖逐渐普及。明代以后重要城池大多用砖石包砌。城门是重点防御部位，古代对于城门的开设位置、门板材料及层数等，皆根据需要精心设置。城楼是建在城门上方的楼阁，其主要作用是防御，同时也能增强城门的气势。

钟楼、鼓楼是古代城市中专司报时的公共建筑。宋代有专建高楼安置钟、鼓的记载。明代在北京城中轴线北端建钟楼和鼓楼。

3. 宫殿建筑。

宫殿为古代帝王办理政务与居住之所。宫殿建筑往往是集一国的财力和物力，以最高的技术水平建造而成。已知最早的中国古代王朝宫殿遗址，发现于河南偃师二里头村，其年代为夏商时期。

明清北京故宫是中国宫殿建筑最后的，也是最成熟的作品，其将中国古代各种建筑技术和艺术手法发挥得淋漓尽致，取得了难以超越的成就。

4. 礼制与祠祀建筑。

该类型是供人们举行祭祀、纪念活动的建筑，其中由礼制要求产生并被纳入官方祀典的，称为礼制建筑；民间的主要以人为祭祀对象的，称为祠祀建筑。礼制与祠祀建筑大略可分为四类：祭祀天地社稷、日月星辰、名山大川的坛、庙；从君王到士庶崇奉祖先的庙、祠；举办行礼乐、宣教化的特殊政教文化仪式的明堂、辟雍；为统治阶级所推崇、为人们所纪念的名人的专庙、专祠。

5. 陵墓建筑。

陵墓建筑是专供安葬和祭祀死者的建筑，一般由地下和地上两部分组成。地下部分用以安葬死者及其遗物、殉葬品等。地上部分专供生人举行祭祀仪式和安放死者神主之用。在这类建筑中，以历代帝王的陵墓规格为最高，其规划与建造工程也最为浩大，如秦始皇陵、汉武帝茂陵、明十三陵、清东陵、清西陵等。

6. 佛教建筑。

佛教建筑是与佛教活动相关的建筑类型，包括佛寺、佛塔和石窟等。佛寺是供奉佛像、举行佛教活动和供僧侣居住的地方。中国古代建造佛寺，始于东汉。佛塔是一种用以藏舍利和经卷等的佛教建筑。石窟为依山崖开凿的洞窟，窟内有佛教题材的塑像、壁画等。

7. 园林建筑。

中国古典园林是具有可行、可观、可游、可居功能的人工与自然相结合的形体环境，其主要构成元素有山水、花木和建筑。建筑在园林中起着非常重要的作用，一方面可供人居住、休憩及赏景，另一方面参与园林景观的构建，有点景、隔景等效果。园林建筑形式多样，有堂、亭、台、楼、阁、馆、轩、斋、榭、舫等。

中国古代建筑丰富多样，除上述七大基本类型外，还有军事建筑、商业建筑以及坊表等建筑小品。

第二节
中国古代建筑的基本结构和特点

一、中国古代建筑的基本结构

中国古代建筑的外观特征极为明显，即由台基、屋身、屋顶三部分组成，这种结构称为“三段式”。

1. 台基。

台基又称基座，是高出地面的建筑物底座，用以承托建筑物，并使其防潮、防腐，同时可使建筑物显得高大雄伟。台基根据材料（汉白玉、普通石头、土）、层数（三层、二层、一层）和结构（须弥座、普通座）的不同来区分等级。材料越好、层数越多的台基等级越高。须弥座亦称“金刚座”，一般用砖或石砌成，上有凹凸线脚和纹饰，等级高于普通座，常用于宫殿和著名寺院中的主要殿堂建筑。

2. 屋身。

（1）立柱。

立柱一般竖立、圆形，置于台基上，在木框架中用以支撑梁、枋和屋架，常用木材、石材、砖等制成。处于不同位置的立柱名称各有不同，房屋最外面的立柱称为外檐柱，外檐柱以内的称为屋内柱，转角处的称为角柱。

（2）开间。

木构架建筑正面两檐柱之间的水平距离称为“开间”（又叫“面阔”）。汉代以前建筑的开间既有奇数也有偶数，汉代以后一般用十一以下的奇数开间，且开间越多，建筑等级越高。而十一开间则只在最高等级的建筑中出现，如西安唐大明宫含元殿、北京故宫太和殿等。

（3）大梁。

大梁是架于立柱上的一根横木，用来承托建筑物上部构架的重量，是中国传统木结构建筑中骨架的主件之一。

（4）斗拱。

斗拱是中国古代建筑的一种独特构件，是较大建筑物的立柱和屋顶之间的过渡部分。斗拱一般置于柱头、额枋（又称阑额，位于两檐柱之间，用于承托斗拱）与屋顶之间，由斗形木块、弓形短木、斜置长木组成，纵横交错层叠，逐层向外挑出，形成上大下小的托座。一组斗拱又可与另一组斗拱组合，层层叠叠，形成庞大的建筑构架。其功能是可将屋顶的重量分解到建筑物的几个部分中，增强建筑物的稳固性，也可用来挑出屋顶的屋檐，使屋顶线条成曲线，减轻沉重感，也有利于排雨，同时还具有装饰作用。

3. 屋顶。

中国古代建筑的屋顶被称为“中国建筑之冠冕”，其特征鲜明，不仅结构精巧，功能性强，而且还增添了建筑物的气势与美感。传统建筑的屋顶经历了漫长的发展演变过程，形成了多样的类型。

（1）庑殿顶。

庑殿顶屋檐向上微翘，四面斜坡，殿宇平面呈矩形，面宽大于进深，前后两坡相交处是正脊，左右两坡有四条垂脊，分别交于正脊的一端，故又称“四阿顶”“五脊殿”。

重檐庑殿顶是在庑殿顶之下，又有短檐，四角各有一条短垂脊，共九脊。

庑殿顶用于尊贵的建筑，尤其是重檐庑殿顶，为传统建筑最高级别的屋顶形式，如故宫太和殿、长陵祾恩殿即是此种殿顶。

（2）歇山顶。

歇山顶由四个倾斜的屋面、一条正脊、四条垂脊、四条戗脊和两侧倾斜屋面上部转折成垂直的三角形墙面组成。正脊的前后两坡是整坡，左右两坡是半坡。

歇山顶有单檐、重檐、卷棚等形式。重檐歇山顶的第二檐与重檐庑殿顶的第二檐基本相同，其在等级上仅次于重檐庑殿顶，如天安门、太和门、保和殿、乾清宫等的屋顶均为此种形式。

（3）悬山顶。

悬山顶又称“挑山顶”，屋面上有五脊（一条正脊和四条垂脊）二坡，两侧的山墙凹进屋顶，屋顶的檩端伸出墙外，钉以搏风板，保护檀头不受风雨的侵蚀。悬山顶具有形式简洁、美观而朴素的特点，多用于宫殿寺庙中的附属建筑和民间建筑。

（4）硬山顶。

同悬山顶一样，硬山顶也是五脊二坡的形式。屋面以中间横向正脊为界分前后两面坡，左右两面山墙或与屋面平齐，或略高于屋面。高出的山墙称风火山墙，其主要作用是防止火灾发生时火势顺房蔓延。硬山顶与悬山顶的不同之处在于，两侧山墙从下到上把檩头全部封住，屋面不悬出山墙之外。硬山顶形式简洁质朴，也是宫殿寺庙附属建筑和民间建筑常用的屋顶形式。

（5）攒尖顶。

攒尖顶是传统建筑中较为独特的一种屋顶形式，平面为圆形或多边形，上为锥形的屋顶，没有正脊，有若干屋脊交于上端，顶部有一个集中点，即宝顶。角式攒尖顶有与其角数相同的垂脊，圆攒尖顶则由竹节瓦逐渐收小，故无垂脊。攒尖顶的形状既有利于雨水的排泄，又有轻盈欲飞的美感，亭、阁、塔常用此式屋顶，如故宫中和殿、天坛祈年殿就是攒尖顶。

（6）盝顶。

盝顶系将庑殿顶或重檐庑殿顶的尖顶部分除去而成平顶，并保留周围的屋檐和屋角起翘，以减低屋顶高度。盝顶亦分多角，但垂脊上端有横脊，横脊的数目与角数相同，各条横脊首尾相连，故亦称圈脊。如故宫御花园及太庙中的井亭即是六角盝顶。

（7）卷棚顶。

卷棚顶是一种屋顶不起正脊的形式，两坡出水的瓦陇一脉相通，前后坡相接处不用脊而砌成弧形曲面。此种屋顶形式多用于园林建筑，颇具曲线所独有的阴柔之美。故宫宫殿建筑群中，太监、杂役等居住的边房亦多为此顶。

4. 其他。

（1）山墙。

山墙即房屋两侧上部呈山尖形的墙面，设在双坡屋面房屋端部或内部，用以搁置檩条。常见的山墙还有风火山墙，其特点是高出屋面，随屋顶的斜坡面而呈阶梯形。

（2）藻井。

藻井是中国传统建筑中天花板上的一种装饰，名称含有以水克火、预防火灾之义。藻井一般做成向上隆起的井状，有方形、多边形或圆形凹面，周围饰以各种雕刻和彩绘。

（3）吻兽。

吻兽是宫殿、官邸、园林、庙宇等古代建筑屋脊上的一种装饰性建筑构件。《唐会要》中记载，汉代的柏梁殿上已有“鱼虬尾似鸱”一类的东西，其用意为镇压火灾。晋代之后的文献记载中，出现“鸱尾”一词。中唐之后，“尾”字变成“吻”字，故又称为“鸱吻”。古代官式建筑屋顶的正脊和垂脊上，各有不同形状和名称的吻兽，并以其形状之大小和数目之多少，代表建筑等级之高低。

正脊兽，又称大吻，一般是龙头形，张大口衔住脊端，故又称吞脊兽。目前我国可见的最大的传统建筑吞脊兽，在故宫太和殿的殿顶上。太和殿的大吻，由 13 块琉璃件构成，总高 3.4 米，重约 4.3 吨，是我国明清时期宫殿正脊吻的典型作品。

垂脊上的吻兽名称较多，除叫垂脊吻外，还有屋脊走兽、檐角走兽、仙人走兽等名称。

二、中国古代建筑的特点

1. 中国古代建筑的构造特点。

从构造的角度，中国古代建筑的特点可以归纳为以下七个方面。

（1）独特的木结构形式。

中国古代建筑使用木材作为主要建筑材料，创造出独特的木结构形式，以此为骨架，既达到实际功能要求，又创造出优美的建筑形体以及相应的建筑风格。

（2）保持构架制原则。

中国古代建筑以立柱和纵横梁枋组合成各种形式的梁架，使建筑物上部荷载经由梁架、立柱传递至基础。墙壁只起围护、分隔的作用，不承受荷载。

（3）创造斗拱结构形式。

由纵横相叠的短木和斗形方木相叠而成的向外挑悬的斗拱，本是立柱和横梁间的过渡构件，后逐渐发展成为上下层柱网之间或柱网与屋顶梁架之间的整体构造层，这是中国古代木结构构造的巧妙形式。

（4）实行单体建筑标准化。

中国古代的宫殿、寺庙、住宅等，往往由若干单体建筑结合配置成组群。无论单体建筑规模大小，其外观轮廓均由台基、屋身、屋顶三部分组成：下面是由砖石等砌筑的台基，承托着整座房屋；立在台基上的是屋身，由木制柱额作骨架；上面是用木结构屋架制成的屋顶，屋面做成柔和雅致的曲线，四周伸展出屋身以外，上面覆盖着青灰瓦或琉璃瓦。单体建筑的平面通常都是长方形，在有特殊用途的情况下，也采取方形、八角形、圆形等；而园林中观赏用的建筑，则可以采取扇形、字形、套环形等平面。屋顶有庑殿顶、歇山顶、悬山顶、硬山顶、攒尖顶、盝顶、卷棚顶等形式，每种形式又有单檐、重檐之分，进而又可组合成更多的形式。

（5）重视建筑组群平面布局。

中国古代建筑组群平面布局的原则是内向含蓄，多层次，力求均衡对称。除特定的建筑物如城楼、钟鼓楼等外，单体建筑很少露出全部轮廓。每一个建筑组群少则有一个庭院，多则有几个甚至几十个庭院，组合多样，层次丰富，弥补了单体建筑定型化的不足。平面布局围绕中轴线左右对称，重要建筑安置在中轴线上，次要建筑对称分布于中轴线两侧。园林的平面布局采用自由变化的原则。

（6）灵活安排空间布局。

中国古代建筑室内间隔采用槅扇、门、罩、屏等便于安装和拆卸的活动构筑物，能任意划分，随时改变。庭院是与室内空间相互为用的统一体，又能为建筑创造小自然环境，可栽培树木花卉，可叠山辟池，可搭凉棚花架，有的还建有走廊，作为室内和室外空间的过渡，以增添生活情趣。

（7）运用色彩装饰手段。

木结构建筑的梁柱框架，需要在木材表面施加油漆等防腐措施，由此发展成中国古代建筑特有的油饰、彩画装饰手段。青、绿、朱等矿物颜料绘成的色彩绚丽的图案，增强了建筑物的美感，也成为区分古代建筑身份等级的重要方面。

2. 中国古代建筑的文化特点。

中国传统建筑并不是一成不变的，各种类型的建筑在不同的时期，随着建筑材料和建筑技术的改进，都会有不同的变化，这些变化与各个时期的政治、经济、文化、审美等密切相关；而不同时期的建筑，在文化特点上又有一些共性，形成了中国古代建筑一以贯之的风貌。

（1）可读性。

中国古代建筑具有浓厚的人文色彩，古人赋予建筑物丰富的寓意，从而形成了独特的建筑语言，使得中国古代建筑具有较强的可读性。比如，不同的屋顶、匾额、楹联等有着不同的含义，象征着不同的社会意义、等级制度等。读懂古建筑的语言，我们可以领悟到比建筑本身丰富得多的内涵。

（2）可塑性。

中国古代建筑在平面、空间上都是以“间”为单位的，形成了较强的灵活性和可塑性，人们可以根据使用需要进行拆、移、挪，改变建筑物的形态和功能。

（3）内向性。

与外国建筑多数讲究形式外观不同，中国古代建筑有些虽然外形简单，内部却极为丰富，在视觉和心理感受上均给观者多层次的体验。典型代表如四合院和苏州园林，内部曲折回转，别有洞天。

（4）舒展大气。

中国古代建筑的舒展大气体现在大门、大窗、大进深、大屋檐，给人以舒展的感觉。大屋檐下形成的半封闭的空间，既能遮阳避雨，起庇护作用，又能使视野开阔，直通大自然。这种舒展大气也充分地体现了中国传统建筑“天人合一”的理念。

（5）灵动生气。

中国古代建筑的灵动生气突出体现在四角飞檐翘起，扑朔欲飞，赋予建筑物以轻快之感。这种灵动生气，体现了传统建筑在规程法度之外，自由和艺术性的一面。

（6）重山林风水。

中国古代建筑重视对山林风水的巧妙运用。有山，易取其势，视野开阔，排水顺畅；有林，易取其物，苍柴丰盛，鸟鸣果香；有风，易得其动，空气清新，消暑灭病；有水，易得其利，鱼虾戏跃，鹅鸭成群。在山林风水佳地辟居住之所，乃是中国古代建筑观念中的一种理想选择。

除了重视自然的山林风水，中国古代建筑也重视人工的山林风水，使人工与自然谐调，院内与院外衔接，使人产生“此中有真意，欲辨已忘言”的心旷神怡之感。

第三节
中国古代建筑的地域特色

中国地域辽阔，自然环境和人文风格多样，不同地区在历史发展过程中形成了不同的建筑风格，使得中国古代建筑具有鲜明的地域特色。

一、对称分布、如意吉祥的京派建筑

中国北方建筑的一个典型代表是京派建筑，而京派建筑里最典型的便是

北京的四合院了。四合院院落宽绰疏朗，四面房屋独立，大到皇宫王府，小到平民住宅，其选址、装修、雕饰、彩绘，处处体现着源远流长的民俗民风和传统文化，表现出特定历史条件下人们对幸福、美好、富裕、吉祥的追求。

故宫是京派建筑的问鼎之作，它可以看作一个巨大的四合院，只是比寻常四合院功能更广泛，分工更明确，给人以皇家威严之感。

故宫，旧称紫禁城，位于北京市中心，是明、清两个朝代的皇宫，始建于明永乐四年至十八年（1406—1420），后经多次重修与改建，是世界上现存规模最大、保存最为完整的木质结构宫殿建筑群。木结构宫殿配以黄琉璃瓦顶、青白石底座，饰以金碧辉煌的彩画，可谓庄严绚丽。

故宫由大小数十个院落组成，房屋 9 000 多间，建筑面积约 15 万平方米，占地面积约 72 万平方米，气魄宏伟，极为壮观。无论是平面布局、立体效果，还是形式上的雄伟堂皇，都堪称无与伦比的杰作。一条中轴贯通着整个故宫，这条中轴又在北京城的中轴线上。三大殿、后三宫、御花园都位于这条中轴上。在中轴宫殿两旁，还对称分布着许多殿宇，也都宏伟华丽。这些宫殿可分为外朝和内廷两大部分。外朝以太和、中和、保和三大殿为中心，文华殿、武英殿为两翼。内廷以乾清宫、交泰殿、坤宁宫为中心，东西六宫为两翼，布局严谨有序。故宫的四个城角都有精巧玲珑的角楼，建造精巧美观。宫城周围环绕着高 10 多米的宫墙和宽 50 多米的护城河。故宫有四个城门，正门名午门，东门名东华门，西门名西华门，北门名神武门。面对北门神武门，有用土石筑成的景山，满山松柏成林。在整体布局上，景山可说是故宫建筑群的屏障。

二、青瓦白墙、砖雕门楼的徽派建筑

徽派建筑作为徽文化的重要组成部分，尤以民居、祠堂和牌坊最为典型，被誉为徽州古建三绝。徽派建筑坐北朝南，注重内采光；多以砖、木、石为原料，以木构架为主；以木梁承重，以砖、石、土砌护墙；以堂屋为中心，以雕梁画栋和装饰屋顶、檐口见长。

徽派民居以高深的天井为中心形成内向合院，四周高墙围护，雨天落下的雨水从四面屋顶流井，俗称“四水归堂”，也形象地反映了徽商“肥水不流外人田”的观念。错落有致的马头墙是徽派建筑的点睛之笔，不仅造型精美，更融合了古人的智慧，在遭遇火灾时，这样的设计可以阻断火势的蔓延，提升房屋安全性。

徽派建筑在总体布局上依山就势，构思精巧，自然得体；在平面布局上自由灵活，变幻无穷；在空间结构上造型丰富，讲究韵律美，以马头墙、小青瓦为特色；在建筑雕刻艺术的综合运用上，融石雕、木雕、砖雕（“三雕”）为一体，显得精致工巧。徽派建筑的代表有安徽黟县西递、宏村两处古村落。

三、山环水绕、曲径通幽的苏派建筑

苏派建筑是江浙一带的代表建筑风格，其特色鲜明，园林式布局是其显著特征之一。脊角高翘的屋顶，江南风韵的走马楼、砖雕门楼、明瓦窗、过街楼，轻巧简洁，古朴典雅，体现出清、淡、雅、素的艺术特色，充满了江南水乡古朴沉静的意味。置身其中，有“曲径通幽处，禅房花木深”之感。苏派建筑的代表作品有拙政园、留园等古典园林。

拙政园始建于明正德年间（16 世纪初），是江南古典园林的代表作品。全园占地面积约 4 万平方米，以水池为中心，山水萦绕，厅榭精美，花木繁茂，具有浓郁的江南水乡特色。园林分为东、中、西三部分，东部开阔疏朗，中部以远香堂为主，是全园精华所在，西部建筑精美，各具特色。园南为住宅区，体现典型的江南民居多进格局。

四、宏大精细、坚固无比的闽派建筑

闽派建筑即流行于福建地区的建筑风格。其中土楼是最为鲜明的代表，这是一种供聚族而居，且具有防御性能的民居建筑。

福建土楼，因其大多为福建客家人所建，故又称“客家土楼”。传统福建土楼建于15至20世纪期间，分布在120多公里范围内。其以未经焙烧的沙质黏土和黏质沙土按一定比例拌和成泥土材料，用夹墙板夯筑而成，通常为多层。土楼最初为防御目的而建造，因而外墙高大坚实，内部则具有较强的舒适性和装饰性，生产、生活、防卫设施齐全。每座土楼单体建筑宏大，可供数百人居住，内部纵向区分不同家庭，每户每层拥有两到三个房间。福建土楼是中国传统民居建筑的独特类型，为建筑学、人类学等学科的研究提供了宝贵的实物资料。

五、稳重大气、严谨深沉的晋派建筑

晋派建筑，不仅指山西一带的建筑，还包括陕西、甘肃、宁夏及青海部分地区的建筑。在这些地区中以山西的建筑风格最为典型，故统称为晋派建筑。晋派建筑大体上可分为两类。一类是山西的城市建筑，这是狭义上的晋派建筑。山西历史上有晋商闻名天下，勤劳的世代晋商在积累无数财富的基础上形成了自己的建筑风格。另一类是陕北及周边地区的窑洞建筑，这也是西北地区分布较广的一种建筑风格。

山西城市建筑的代表作之一便是乔家大院，这是一个全封闭式的建筑群，始建于清代乾隆年间，其后曾有增修和扩建，于民国初年最终建成，建筑面积达4 000多平方米，分6个大院，内套20个小院，共300余间房屋。建筑群总体上呈轴对称布局，每个院落形成一个独立的小四合院，院与院之间排列井然有序，对称协调，错落有致。大院三面临街，不与周围民居相连。外围是封闭的砖墙，高10米有余，上层是女墙式的垛口，还有更楼、眺阁点缀其间，显得气势宏伟，威严高大。大门坐西朝东，上有高大的顶楼，中间有城门洞式的门道，大门对面是砖雕百寿图照壁。大门以里，是一条石铺的东西走向的甬道，甬道两侧靠墙有护墙围台，甬道尽头是祖先祠堂，与大门遥遥相对，为庙堂式结构。全院布局严谨，设计精巧，俯视成“囍”字形，建筑考究，砖瓦磨合，精工细做，斗拱飞檐，彩饰金装，砖石木雕，工艺精湛，集中体现了我国清代北方民居的独特风格，因此素有“皇家有故宫，民宅看乔家”之说。

窑洞是在土崖面上开凿的拱形洞窟式住宅，从原始穴居发展而来，有着悠久的历史渊源和浓厚的文化积淀。窑洞流行的地区位于黄土高原，黄土是建造窑洞的物质基础，利用黄土的特性挖洞造室，省工省料，且方便修整。窑洞冬暖夏凉，适合西北地区的气候，生土建筑的形式充分体现了人与自然的和谐共生，具有独特的民俗文化内涵。

六、民族风情、韵味独特的川派建筑

川派建筑，即流行于四川、云南、贵州等地的建筑风格，由于这些地区少数民族人口较多，川派建筑呈现出浓郁的民族风情。在川派建筑中，以傣族竹楼、侗族鼓楼、巴楚一带少数民族的吊脚楼特色最为鲜明。

傣族竹楼是傣族民居形式，其以粗竹子做房子的骨架，竹编篾子做墙体，楼板或用竹篾，或用木板，屋顶铺草，一般建造两层，下层中空，仅有支撑的立柱，没有墙壁。下层中空的设计有多种好处：一防潮湿，二可散热通风，三可避虫兽侵袭，四可避洪水冲击。傣族竹楼是人们应对当地潮湿多雨的气候条件，利用自然材料设计而成的一种巧妙的民居建筑。

侗族鼓楼是具有侗乡独特风格的建筑物，流行于湖南、贵州、广西等地。古代侗族民间有“建寨先楼”之说，每个侗寨至少有一座鼓楼，供居民集会、娱乐，以及有紧急情况时鸣鼓警示之用。鼓楼外形似多面体宝塔，以杉木凿榫衔接，顶梁柱拔地凌空，排枋纵横交错，上下吻合，采用杠杆原理，层层支撑而上。通体木质，采用四柱贯顶、多柱支架八角密檐塔式结构，不用一钉一铆，衔接不隙，丝毫不差，牢固严谨，经风霜，历雨露，百年不倒。为了装饰、防腐，人们还在鼓楼的外额上饰以粉绘图案或泥塑造型，琳琅满目，栩栩如生，并显示出浓郁的侗族生活风情。侗族鼓楼充分体现了侗族人民高超的建筑技艺。

吊脚楼，也叫“吊楼”，为南方少数民族传统民居形式，多依山靠河就势而建，呈虎坐形，传统以“左青龙，右白虎，前朱雀，后玄武”为最佳屋场，后来讲究朝向，或坐西向东，或坐东向西。吊脚楼属于干栏式建筑，最基本的特点是正屋建在实地上，厢房除一边靠在实地和正房相连，其余三边皆悬空，靠柱子支撑。悬空结构既可通风干燥，又能防毒蛇、野兽，楼板下还可堆放杂物。吊脚楼具有鲜明的民族特色，优雅的“丝檐”和宽绰的“走栏”使吊脚楼自成一格，被称为巴楚文化的“活化石”。

单元学习活动

◎参观你所在地区的传统建筑，说说其具有怎样的风格，以及这种风格与当地自然环境及人文风俗等有怎样的关联。

◎旅行的途中，你可曾留意过那些古老的建筑，用心探寻过建筑背后的故事？试描绘给你印象最深的一处古建筑，并查阅资料，了解与其有关的故事。

第六单元

民以食为天

——中国传统饮食文化

第一节
地域特色鲜明的传统饮食

一、传统饮食地域特色概况

“民以食为天”是中国自古流传的一句谚语，体现了饮食在人们心中的重要地位。数千年来，中华民族以勤劳和智慧创造了财富，也为丰富、独特的饮食文化的形成奠定了物质基础。中国是一个饮食文化大国，辽阔的疆域、多样的自然环境等形成了中国传统饮食鲜明的地域特色，其突出表现为传统的地域“菜系”。长期以来在某一地区由于地理环境、气候物产、文化传统以及民族习俗等因素的影响，形成的有一定亲缘承袭关系，菜点风味相近，知名度较高，并为部分群众喜爱的地方风味著名流派称作“菜系”。

从文献记载可知，早在春秋战国时期，中国传统饮食中南北菜肴风味就已表现出差异。大约到唐宋时期，南食、北食各自形成体系。《梦溪笔谈》卷二四中有：“大底南人嗜咸，北人嗜甘。鱼蟹加糖蜜，盖便于北俗也。”当时，中国饮食口味的地域差异主要表现为，北方人喜甜，南方人喜咸。到了南宋的时候，随着人口的大量迁移，南北饮食文化亦相互影响而发生改变。到了明代末期，中国饮食大致可分为京式、苏式和广式，其中京式偏咸，苏式、广式偏甜，从中可见地域饮食口味偏好的历史变迁。发展到清代时，鲁菜、川菜、粤菜、苏菜成为最有影响的地方菜系，被称作“四大菜系”。后来又发展为鲁菜、川菜、粤菜、苏菜、闽菜、浙菜、湘菜、徽菜“八大菜系”。中国传统饮食鲜明的地域特色构成了饮食文化多姿多彩的面貌，也为现代饮食文化的繁荣奠定了基础。

二、传统“四大菜系”

在众多的地域菜系中，鲁菜、川菜、粤菜、苏菜传统“四大菜系”历史悠久，极具地域特色代表性，且对其他菜系的形成具有较大的影响。下面，让我们一起来了解传统“四大菜系”的历史与特色吧。

1. 鲁菜。

鲁菜起源于山东的齐鲁风味，是北方代表菜系，也是中国传统“四大菜系”中唯一的自发型菜系，其历史悠久，技法丰富，烹饪难度高，极考验功力。

鲁菜的形成和发展与山东地区的历史文化、地理环境、经济条件和习俗尚好密切相关。山东是中国古文化的发祥地之一，地处黄河下游，气候温和，胶东半岛突出于渤海和黄海之间。境内山川纵横，河湖交错，沃野千里，物产丰富，交通便利，文化发达。其粮食产量高，蔬菜种类繁多，品质优良，号称“世界三大菜园”之一，胶州大白菜、章丘大葱、苍山大蒜、莱芜生姜都蜚声海内外。

商朝晚期是鲁菜的雏形时期，在药膳的基础上，鲁菜逐渐发展起来。春秋战国时期，鲁国都城曲阜和齐国都城临淄都是相当繁华的城市，饮食行业盛极一时，名厨辈出。齐鲁肴馔于是崭露头角，其多以家畜肉为主料，还善于制作家禽和海鲜。其后历代，鲁菜继续传承，不断发展。宋代以后鲁菜成为“北食”的代表。明清两代，鲁菜已成宫廷御膳主体，对华北和东北地区的饮食影响较大。

一般认为鲁菜内部可分为济南菜、胶东菜、孔府菜三大系列。济南菜为鲁菜典型代表菜味，有煎炒烹炸、烧烩蒸扒、煮氽熏拌、熘炝酱腌等数十种烹饪方法，特点是清香、鲜嫩、味醇，十分讲究清汤和奶汤的调制，清汤色清而鲜，奶汤色白而醇。胶东菜包括烟台、青岛等胶东沿海地方风味菜，其精于海味，且少用佐料提味。孔府菜做工精细，烹调技法全面，尤以烧、炒、煨、炸、扒见长，而且制作过程复杂，以煨、炒、扒等技法烹制的菜肴，往往要经过数道程序方能完成。

总体来说，鲁菜以咸鲜风味为特点，精于制汤，善烹海味，突出运用爆、扒、拔丝等烹调方法。代表菜肴有九转大肠、葱烧海参、糖醋鲤鱼、奶汤蒲菜等。

2. 川菜。

川菜指川渝地区的菜肴，是西南地区饮食风味体系的典型代表。

川菜的发源地是古代的巴国和蜀国。据《华阳国志》记载，巴国“土植五谷，牲具六畜”，并出产鱼、盐、茶、蜜等；蜀国“山林泽渔，园囿瓜果，四代节熟，靡不有焉”。丰富的物产为饮食文化和烹饪技术的发展提供了物质条件。蜀人“尚滋味”“好辛香”，当时该地的调味品已有卤水、岩盐、川椒、“阳朴之姜”。在四川地区出土的战国时期文物中，已有种类丰富、制作考究的青铜器和陶器食具，饮食的发展可见一斑。秦汉时期，川菜得到快速发展，在烹饪原料的取材，调味品的使用，以及刀功、火候等烹饪技术水平方面，均有较大提升。宋代开始，川菜已初步形成体系和流派，并较多地传入外省，受到人们的喜爱。明末清初辣椒传入中国，川菜将其引进并广泛运用，同时进行了大胆革新，在原有的基础上，吸收南北菜肴之长及官、商家宴菜品的优点，形成了北菜川烹、南菜川味的特点，日益发展成熟。清代后期，川菜菜系正式形成，并逐渐成为主要的地方菜系之一。

川菜可分为上河帮、下河帮和小河帮三大派系。上河帮又称蓉派，以成都和乐山菜为主，讲究用料精细准确，味道相对温和，传统菜品较多。下河帮又称渝派，以重庆和达州菜为主，菜式粗犷亲民，用料大胆，不拘泥于传统。小河帮又称盐帮菜，以自贡和内江菜为主，重辣少麻，味厚且重。

川菜讲究色、香、味、形，尤其注重在味上下功夫，以味多、广、厚著称，故有“食在中国，味在四川”之说。川菜调味料丰富，以“麻、辣、咸、甜、酸、苦、香”七种基本味道调制出家常、麻辣、酸辣、红油、鱼香、怪味等几十种各具特色的复合味型，有“一菜一格，百菜百味”的称誉。

在烹调方法上，川菜善于根据原料、气候和食者的要求，具体掌握，灵活运用，特别以小煎小炒、干烧干煸见长。代表菜有干烧岩鲤、干烧鳜鱼、鱼香肉丝、怪味鸡、宫保鸡丁、粉蒸牛肉、麻婆豆腐、毛肚火锅、干煸牛肉丝、夫妻肺片、灯影牛肉、担担面、赖汤圆、龙抄手等。

3. 粤菜。

粤菜即广东菜，发源于岭南，由广州菜（也称广府菜）、潮州菜（也称潮汕菜）、东江菜（也称客家菜）三种地方风味组成，三种风味各具特色。粤菜是起步较晚的菜系，但其影响深远，尤其是在海外深受人们喜爱。

粤菜系的形成和发展与广东的地理环境、经济条件和风俗习惯密切相关。广东地处亚热带，濒临南海，雨量充沛，物产富饶，故其饮食文化的发展，具有得天独厚的优势。另一方面，岭南地区自古与中原有着密切的交往，中原的饮食制作技艺、炊具、食具与岭南丰富独特的物产和饮食风尚相结合，促进了粤菜的形成与发展。早在西汉的《淮南子·精神》中就记述了粤菜选料的精细和广泛，可以想见 2 000 余年前岭南的人们已经对用不同的烹调方法烹制不同的食材游刃有余。从秦汉起，广州一直是中国对外贸易的重要港口城市，商业日益兴旺，饮食服务行业因而发展迅速。明清两代，粤菜真正发展成熟并形成体系。近代以来，粤菜更是吸取西餐之长，并不断创新，自成一家。

在原料方面，粤菜的特色是用料广博奇杂，配料多而巧，飞禽走兽、山珍海味、中外食品，无所不有，且选料精细，讲究选择原料的最佳肥美期和最佳部位。粤菜味道讲究“清、鲜、嫩、滑、爽、香”，追求原料的本味、清鲜味；调味品种类繁多，遍及酸、甜、苦、辣、咸、鲜，但只用少量姜、葱、蒜头做“料头”，而少用辣椒等辛辣性佐料，也不会大咸大甜。在烹调上以炒、爆为主，兼有烩、煎、烤，讲究清而不淡，鲜而不俗，嫩而不生，油而不腻，有“五滋”（香、松、软、肥、浓）、“六味”（酸、甜、苦、辣、咸、鲜）之说。这种追求清淡、鲜嫩、本味的特色，既符合广东的气候特点，又符合现代营养学的理念，颇受人们欢迎。代表菜有白切鸡、香滑鲈鱼球、东江盐焗鸡、蚝油牛肉、干煎虾碌等。

除了正式菜点，粤菜的小食、点心亦制作精巧，且菜系内各地的饮食风俗皆有其独到之处，如广州的早茶、潮州的工夫茶，这些饮食风俗已经超出“吃”的范畴，成为人文内涵深厚的饮食文化。

4. 苏菜。

苏菜是江苏菜的简称，是华东地区饮食风味体系的典型代表。

江苏位于长江三角洲地带，地形以平原为主，气候温和，四季分明，水域广阔，自古就是鱼米之乡，物产丰饶，饮食资源十分丰富。春有刀鲚，夏有鲥，秋有肥鸭，冬有蔬，一年四季，水产、畜禽、菜蔬各品种联翩上市，为饮食文化和烹饪技术发展提供了优越的物质条件。

苏菜的起源可追溯至春秋时期，当时吴国的鱼炙、吴羹、鱼脍已非常有名。到魏晋南北朝时期，苏菜中的素食、鱼品和腌酱食品已相当精美。唐宋时期，由于地区经济发展推动饮食业的繁荣，苏菜成为“南食”两大台柱之一（另一为浙菜）。明清时期，苏菜南北沿运河、东西沿长江的发展更为迅速，沿海的地理优势扩大了苏菜在海内外的影响。苏菜在清代成为宫廷菜第二大菜系。今天，苏菜中的淮扬菜在国宴中占据重要地位。

苏菜主要由金陵菜、淮扬菜、苏锡菜、徐海菜组成。金陵菜指以南京为中心的地方风味菜，口味醇厚，擅长炖、焖、烤等烹调方法，尤以鸭馔驰名。淮扬菜指以扬州、淮安为中心的地方风味菜，特点是选料讲究，制作精细，善用火候，多用江湖河鲜为主料，追求本味本色，清鲜平和。苏锡菜以苏州、无锡为中心，善于烹制水产，以甜出头、咸收口，讲究浓油、赤酱、重糖。徐海菜源于徐州、连云港等地，口味咸鲜，五味兼蓄，淳朴实惠。

苏菜的总体特点是：用料广泛，以江河湖海水鲜为主；刀功精细，烹调方法多样，擅长炖、焖、煨、焐；追求本味，清鲜平和；菜品风格雅丽，形质均美。因其呈现出一种淡雅的韵味，与传统的文人情怀甚为契合，故又被称为“文人菜”。著名的菜肴有清汤火方、鸭包鱼翅、水晶肴蹄、松鼠鳜鱼、盐水鸭、清炖狮子头、鸡汁煮干丝等。

第二节
丰富精细的传统饮食制作

中国传统饮食的制作丰富而又精细，人们对饮食之美有着多方面的追求，并用多样考究的烹调技艺将饮食之美呈现出来。

一、传统饮食制作的总体特征

1. 风味多样，四季有别。

中国幅员辽阔，地大物博，各地气候、物产、风俗习惯等都存在着差异，长期以来，在饮食上也就形成了多样的风味。例如，自古就有“南米北面”的说法，口味上有“南甜、北咸、东辣、西酸”之分。

中国大部分地区四季分明，自古以来，人们习惯按季节变化来调味、配菜，冬天味醇浓厚，夏天清淡凉爽；冬天多炖、焖、煨，夏天多凉拌、冷冻。

2. 讲究美感，注重情趣。

中国传统饮食制作有讲究菜肴美感的传统，且其对菜肴美感的表现是多方面的，不仅对食物的色、香、味有严格的要求，而且在造型上常常别出心裁，此外还注重食器之美，选择富有美感且与菜肴相配的器具，从而达到美上加美的效果，给人以精神和物质高度统一的特殊享受。

中国传统饮食制作注重情趣，不仅对饭菜点心的色、香、味有严格的要求，而且在菜肴的命名、品味的方式、进餐的节奏、娱乐的穿插等方面都有一定的设计。传统菜肴名称可以说是出神入化，雅俗共赏，既有根据主、辅、调料及烹调方法来命名的，也有根据历史掌故、神话传说、名人食趣、菜肴形象来命名的，如“全家福”“将军过桥”“狮子头”“叫花鸡”“龙凤呈祥”“鸿门宴”“东坡肉”。

3. 食医结合。

中国传统饮食与医疗保健有密切的联系，在几千年前就有“医食同源”和“药膳同功”的说法，人们利用食物原料的药用价值，做成各种美味佳肴，达到防治某些疾病的目的。

4. 崇尚中和之美。

中和之美是中国传统文化所崇尚的一种审美理想。《中庸》里说：“中也者，天下之大本也；和也者，天下之达道也。致中和，天地位焉，万物育焉。”这种审美理想也渗透到传统饮食观念中。传统饮食制作讲究精心调配不同性味的食材，以使菜肴的口味丰富而和谐，营养均衡，性质温和。

二、传统烹饪技艺的特点

1. 选料精良。

选料，是制作一道菜肴的基础，需要厨师具备丰富的知识和经验。菜肴的材料包括主料、辅料、调料等，每一种的选择都有很多讲究。传统烹饪的选料讲求精良，对于各种原料，考虑其品种、产地、季节、生长期等特点，以新鲜肥嫩、质料优良为佳。

2. 刀功细巧。

刀功，即厨师对原料进行的刀法处理。好的刀功能使原料成为烹调所需要的整齐一致的形态，以适应火候，受热均匀，便于入味，并保持一定的形态美，因而是烹调技术的关键之一。

传统烹饪很早就重视刀法的运用，经过历代厨师的反复实践，创造了丰富的刀法，如直刀法、片刀法、斜刀法、剞刀法（在原料上划上刀纹而不切断）和雕刻刀法等，每种形式还可再细分为多种技巧。利用这些细巧的刀功技法，能把原料加工成片、条、丝、块、丁、粒、蓉、泥等多种形态和丸、球、麦穗花、荔枝花、蓑衣花、兰花、菊花等多样花色，还可镂空成美丽的图案花纹，或雕刻成“喜”“寿”“福”“禄”等字样。特别是刀功和拼摆手法相结合，能把熟料和可食生料拼成艺术性强、形象逼真的鸟、兽、虫、鱼、花、草等花式拼盘。

3. 火候精准。

火候，是指在烹饪过程中根据原料性质和菜肴制作要求，采用的火力大小与时间长短。古人很早就认识到火候是形成菜肴风味特色的关键之一。《吕氏春秋·本味》云：“五味三材，九沸九变，火为之纪。时疾时徐，灭腥去臊除膻，必以其胜，无失其理。”传统烹调技艺讲究火候精准，要求厨师能精确鉴别旺火、中火、微火等不同火力，熟悉了解各种原料的耐热程度，熟练控制用火时间，善于掌握传热物体（油、水、气）的性能，还能根据原料的老嫩程度、水分多少、形态大小、整碎厚薄等，确定下锅的次序，并加以灵活运用，使烹制出来的菜肴要嫩就嫩，要酥就酥，要烂就烂。北宋文学家苏轼对美食颇有研究，尤其擅长炖肉，创造出著名的菜肴“东坡肉”，他把炖肉的经验写入诗中：“慢着火，少着水，火候足时他自美。”可见火候对于炖肉味道的关键影响。

4. 技法多样。

烹调技法多样，是我国烹饪技艺的又一大特点。传统烹饪常用的技法有炒、爆、炸、烹、熘、煎、贴、烩、扒、烧、炖、焖、氽、煮、酱、卤、蒸、烤、拌、炝、熏，以及甜菜的拔丝、蜜汁、挂霜等。不同的技法能烹制出不同的风味特色，每种技法都有几种乃至几十种名菜。例如著名的“叫花鸡”，以泥烤技法扬名四海。相传古代常熟虞山有一乞丐偷得一只鸡，因无炊具，便把鸡宰杀后除去内脏，在腹内放入葱盐，加以缝合，糊以黄泥，架火烤烧，泥干鸡熟，敲土食之，肉质鲜嫩，香气四溢。后经厨师改进，配以多种调料，味道更美，遂成名菜。再如云南“过桥米线”，是氽法的杰作。相传古代云南有位书生日日在湖心岛上苦读，妻子每天要走很远的路，经过一座长桥上岛给他送饭。为使丈夫能吃上热汤热饭，妻子便创造了这一氽法：熬制沸热的鸡汤，另配以细薄的肉片、蔬菜和米线，因汤面上浮油能起保温作用，过桥上岛后汤尚能保持滚热，将配菜和米线放进汤里能够烫熟，且即烫即食十分鲜嫩。

5. 五味调和。

调味，也是烹调的一种重要技艺。传统烹调讲究“五味调和百味香”，所谓“五味”，指甜、酸、苦、辣、咸五种味道，将其调和得恰到好处，能使菜肴的味道美妙，令人回味无穷。而要达到五味调和的效果，除了调料品种齐全、质地优良等物质条件以外，关键在于厨师的精心调配，包括调料的使用比例、下料次序、调料时间（烹前调、烹中调、烹后调）等，都有严格的要求。只有调和得当，才能使菜肴达到预设的风味要求。

单元学习活动

◎你的祖籍是哪里？属于哪个菜系分布区域？学做一道家乡菜，了解传统的饮食文化和烹饪技艺。

◎《礼记·礼运》说：“夫礼之初，始诸饮食。”根据文献记载可知，至迟在周代，饮食礼仪已形成一套相当完善的制度。查阅资料，了解中国的传统饮食礼仪。

第七单元

人类医药的宝库
——中医中药

第一节
中医药学的历史发展脉络

传统中医药学产生于原始社会，早在远古时代，我们的祖先在对大自然的探索以及与大自然的长期斗争中，就已积累起原始的医学知识。夏、商、西周时期，人们对疾病和药物以及诊疗方法的认识水平进一步提升。至春秋战国时期，中医理论已经初步形成，出现了解剖和医学分科，已经采用望、闻、问、切“四诊法”，治疗法有砭石、针刺、汤药、艾灸、导引等。

先秦至西汉间，中国现存较早的重要医学经典《黄帝内经》问世，该书系统总结了在此之前的治疗经验和医学理论，对人体的解剖、生理、病理以及疾病的诊断、治疗与预防，做了比较全面的阐述，奠定了中医学的理论基础。东汉时期，张仲景的《伤寒杂病论》提出了外感热病的诊治原则和方法，论述了内伤杂病的病因、病证、诊法、治疗、预防等辨证规律和原则，确立了辨证论治的理论和方法体系。同时期的《神农本草经》概括记述了君臣佐使、七情和合、四气五味、阴阳配合等药物理论，为中药学理论体系的形成与发展奠定了基础。东汉末年，名医华佗以精通外科手术和麻醉闻名天下，表明了中医外科方面的进步。

魏晋至隋唐时期，实践医学进入全面发展阶段，临床各科渐趋繁荣，人们对疾病的认识更深入和准确，诊治经验更丰富，药物及方剂种类更多，也更合理有效。唐代孙思邈总结前人的理论及经验，撰著《千金要方》《千金翼方》，论述疾病数百种，辑集方剂近万首，被尊为“药王”。唐朝以后，中国医学理论和著作大量流传到海外，在东亚、中亚、西亚等地均有影响。

两宋时期，政府设立翰林医学院，医学分科接近完备；《铜人腧穴针灸图经》的编修减少了中医针灸方面由于传抄引起的穴位紊乱。“金元四大家”刘完素、张从正、李东垣、朱震亨以各自的学说形成流派，对后来的中医药学发展产生了深刻的影响。

明清时期是中医药学理论的综合汇通和深化发展阶段。命门理论的发展和温病理论的创新是该阶段的重要成果。大型医学全书、类书、丛书等编撰成果颇丰。明代李时珍《本草纲目》是一部具有空前水平的药物学巨著，影响深远。

清朝晚期，中国受到西方列强侵略，国运衰弱，加之西医的传入，严重冲击了中医药学的发展。人们开始使用西方医学体系的思维模式对传统医药学加以检视，中医陷入存与废的争论之中。新中国成立后，特别是改革开放以来，中医药学进入了一个崭新的飞速发展时期，并日渐获得国际的关注。

第二节
中医理论

一、中医理论体系的特点

传统中医药学理论体系是经过长期的临床实践，在古代阴阳五行等学说的基础上逐步形成的。其具有两个基本特点，一是整体观念，二是辨证论治。

1. 整体观念。

整体观念包含两个方面，即人与自然的整体统一性和人体的整体统一性。

传统中医药学认为人是自然界的一个组成部分，自然界的变化可直接或间接地影响人体，而机体则相应地产生反应，即“天人合一”“天人相应”。人的生命活动规律以及疾病的发生等都与自然界的各种变化（如季节气候、地区方域、昼夜晨昏等）息息相关，人们所处的自然环境不同及对自然环境的适应程度不同，其体质特征和发病规律亦有所区别。因此中医在诊断、治疗同一种疾病时，多注重因时、因地、因人制宜，并非千篇一律。

传统中医药学认为人体是一个有机的整体，各个组织、器官共处于其中，不论在生理上还是在病理上都是互相联系、互相影响的，因而从不孤立地看待某一生理或病理现象，反对“头痛医头，脚痛医脚”，而多从整体的角度来对待疾病的预防与治疗。

2. 辨证论治。

所谓“证”，就是机体在疾病发展过程中某一阶段的病理概括，包括病变的部位、原因、性质以及邪正关系。中医药学理论认为证能够反映出疾病发展过程中，某一阶段的病理变化的本质，因而比症状能更全面、更深刻、更准确地揭示出疾病的发展过程和本质。

所谓“辨证”，就是将四诊（望、闻、问、切）所收集的资料、症状和体征，通过分析综合，辨清疾病的部位、性质、原因以及邪正关系，从而概括、判断为某种性质证候的过程。

所谓“论治”，又叫施治，即根据辨证分析的结果来确定相应的治疗原则和治疗方法。辨证是治疗的前提和依据，论治则是治疗疾病的手段和方法。所以辨证论治的过程，实质上是中医药学认识疾病和治疗疾病的过程。

中医理论认为疾病是具有特定的症状和体征的，而证则是疾病过程中典型的反应状态。中医临床认识和治疗疾病既辨病又辨证，并通过辨证而进一步认识疾病。例如，感冒可见恶寒、发热、头身疼痛等症状，病属在表。但由于致病因素和机体反应性的不同，又常表现为风寒感冒和风热感冒两种不同的证。只有辨别清楚是风寒还是风热，才能确定选用辛温解表还是辛凉解表方法，给予恰当有效的治疗，而不是单纯的“见热退热”“头痛医头”的局部对症方法。

二、中医基础理论

中医的基础理论是对人体生命活动和疾病变化规律的理论概括，主要包括阴阳学说、五行学说、藏象学说、经络学说、运气学说、精气血津液神学说、病因病机学说等内容。

1. 阴阳学说。

阴阳学说是研究阴阳的内涵，并用以解释事物发生、发展、变化规律的一种古代哲学理论。阴、阳是对各类事物中对立双方属性的概括，其本义是阳光的向背、光线的明暗，人们将其抽象化，以类比的方式运用到各类事物中，来体现它们之间的联系，比如认为运动的、外向的、上升的、温热的、明亮的事物属于阳，静止的、内守的、下降的、寒冷的、晦暗的事物属于阴。阴阳二者对立统一，相互资生、相互制约、相互转化，构成世界万物。中医学运用阴阳学说，对人体组织结构和生理功能进行阴阳属性的划分，以阴阳平衡的失调来说明人体的病理变化，并运用阴阳学说的相关理论来指导疾病的诊断和防治以及药物性能的分析归纳。

2. 五行学说。

五行学说也是中国古代一种哲学理论，其以木、火、土、金、水五个哲学范畴来概括客观世界中不同事物的属性，并用五行相生相克的动态模式来说明事物间的相互联系和转化规律。中医学运用五行学说，以五脏配五行，即肝属木、心属火、脾属土、肺属金、肾属水，以此阐述五脏六腑间的功能联系以及脏腑失衡时疾病发生的机理，并指导脏腑疾病的治疗。

3. 藏象学说。

藏象学说是研究人体脏腑的生理功能、病理变化及其相互关系的学说。藏，指藏于体内、具有一定形态的脏腑器官；象，指脏腑功能表现于外的各种征象。藏象学说与阴阳、五行等学说结合，以阐述人体脏腑、经络、气血、津液、五官九窍及皮肉筋骨等的密切联系，注重以整体观念把握人体，旨在通过人体外部的征象来研究内脏活动规律，其贯穿在中医学的解剖、生理、病理、诊断、治疗、方剂、药物、预防等各个方面，在中医理论体系中处于十分重要的地位。

4. 经络学说。

经络学说是研究人体经络的生理功能、病理变化及与脏腑相互关系的中医基础理论。经络被定义为人体内运行气血的通道，起沟通内外、网络全身的作用。经络系统由经脉、络脉组成。经脉包括十二经脉、奇经八脉，以及附属于十二经脉的十二经别、十二经筋、十二皮部；络脉包括十五络脉和浮络、孙络等。中医认为，在病理情况下，经络系统功能发生变化，会呈现相应的症状和体征，通过这些表现，可以诊断体内脏腑疾病。同时，经络学说被广泛运用于指导临床各科疾病的治疗，是针灸、推拿以及药物疗法的理论基础。

5. 运气学说。

运气学说即五运六气学说，是研究自然界天文、气象、气候变化对人体健康和疾病的影响的学说。运，指木、火、土、金、水五行的运行；气，指自然界的风、寒、暑、湿、燥、火六气。运气学说根据天文历法参数来探究六十年一甲子周期的天象、气候、物候、病候之间的关系及其规律，并提供预防、养生的方法。

6. 精气血津液神学说。

精气血津液神学说是关于人体生命物质与功能活动的理论。精，是构成人体、维持人体生命活动的物质基础。气，是生命活动的原动力，既是运行于体内微小难见的物质，又是人体各脏腑器官活动的能力。血，是构成人体和维持人体生命活动的基本物质，在脉中循环运行，内至脏腑，外达皮肉筋骨，不断对全身起着充分的营养和滋润作用，维持人体正常的生理活动。津液，是指各脏腑组织器官的内在体液及正常分泌物，是机体一切正常水液的总称。津和液的性状、功能及分布部位有所不同：津性质较清稀，流动性较大，分布于体表皮肤肌肉，并能渗注于血脉，起着滋润的作用；液性质较稠厚，流动性较小，流注于骨节、脏腑、脑髓等组织，起着濡养作用。神，是精神、意志、知觉、运动等一切生命活动的最高统帅。

精、气、血、津液是构成和维持人体生命活动的基本物质。神以精、气、血、津液为物质基础，又对其生成、运行及功能等发挥调节作用。

7. 病因病机学说。

病因病机学说是关于人体疾病产生的原因和疾病发生、变化机理的学说。

病因，是指疾病发生的原因。中医学将病因分为外感、内伤、外伤等。外感病因包括六淫（风、寒、暑、湿、燥、火六种外感病邪）、疠气等，内伤病因包括七情（喜、怒、忧、思、悲、恐、惊）内伤、饮食失宜、劳逸失度以及痰、瘀、虫积等，外伤病因包括跌仆、压溺、创伤等。

病机，即疾病发生、发展、变化的机理，包括病性、病位、病势、病传及预后等。《黄帝内经》首倡“病机”理论，经过后世不断发展，其内容更加充实和系统化。病机包括基本病机、内生五邪、疾病病机、证候病机、症状病机等。中医学认为清晰分辨病机是认识疾病本质的关键，也是进行正确诊断和恰当治疗的重要前提。

第三节
中医药经典著作与相关典故

一、中医药经典著作

1.《黄帝内经》。

《黄帝内经》简称《内经》，是中国现存较早的重要医学经典，成书年代约在先秦至西汉间。原书 18 卷，现分为《素问》和《灵枢》两部分，每部分各 81 篇。《素问》阐述阴阳、藏象、经络、病因、病机、诊法、治则等医学原理；《灵枢》论述经络、腧穴的分布，脏腑的生理、病机，营、卫、气、血的运行，针刺手法的运用等。《黄帝内经》总结了中国古代早期的医疗经验和学术理论，运用阴阳、五行、天人合一的理论，对人体的解剖、生理、病理以及疾病的诊断、治疗与预防做了比较全面的阐述，在理论上初步建立了阴阳、五行、藏象、经络等学说，奠定了中国医药学发展的理论基础。

2.《难经》。

《难经》原名《黄帝八十一难经》，原题战国秦越人（扁鹊）撰。“难”是“问难”之义，或作“疑难”解。“经”乃指《内经》。“难经”即问难《内经》。全书共 81 章，以问答体裁解释《内经》中关于脉法、经络、脏腑、疾病、腧穴、针法等方面的疑难问题。书中对命门和三焦的学术见解以及所论七冲门和八会等名目，丰富和发展了中医学的理论体系。该书还明确提出“伤寒有五”（包括中风、伤寒、湿温、热病、温病），并对五脏之积、泻痢等病多有阐发，为后世医家所重视。全书内容简扼，辨析精微，在中医学典籍中常与《内经》并提，是重要的古典医籍。

3.《神农本草经》。

《神农本草经》简称《本草经》《本经》，是我国现存最早的药物学专著，为秦汉时人托名“神农”所作。原书早佚，现行本为后世从历代本草书中集辑而成。该书载药物 365 种，并根据毒性分为上、中、下三品，详述药物性味、功用和主治，对各种药物怎样相互配合应用以及简单的制剂，都做了概述。《神农本草经》提出了中药的最早分类方法，总结了中药药性理论和配伍规律，奠定了中药学的基本理论体系。

4.《伤寒杂病论》。

《伤寒杂病论》为东汉张仲景所著，是一部重要的传统医学著作。原书曾散佚，经晋代王叔和搜集编次成 36 卷，后在流传中几经收辑整理，分为《伤寒论》和《金匮要略》两书。《伤寒论》为其中的伤寒部分，系统地分析了伤寒病的原因、症状、发展阶段和处理方法，创造性地确立了对伤寒病的

“六经分类”的辨证和治疗原则，确立了中医学辨证施治的方法，奠定了理、法、方、药的理论基础。《金匮要略》为其中的杂病部分，主要论述内科杂病，兼述外、妇等科疾病，据病辨证，阐述各病的病因、诊治和方药。其总结了汉代以前治疗杂病的经验，是我国最早的一部论述杂病诊治的专书。

5.《本草纲目》。

《本草纲目》，明代李时珍著，成书于万历六年（1578）。此书采用“目随纲举”的编写体例，故以“纲目”名书。全书共 52 卷，分 16 部、60 类。序例（卷 1—2）相当于总论，述本草要籍与药性理论。卷 3—4 为“百病主治药”，沿用《证类本草》“诸病通用药”旧例，以病原为纲罗列主治药名及主要功效，相当于一部临证用药手册。卷 5—52 为各论，收药 1 892 种，对每种药物确定名称，叙述产地、形态、栽培及采集方法，说明炮制法，分析药物性味和功用，并附药物图 1 000 余幅。《本草纲目》系统地总结了中国 16 世纪以前的药物学知识与经验，对中国药物学的发展起着重大作用。

二、中医药相关典故

1. 岐黄之术。

“岐黄之术”指中医的医术。“黄”指的是黄帝，与炎帝同被尊为中华民族的人文始祖。“岐”指的是黄帝的臣子——岐伯，他是传说中的古代医家，被尊为“天师”。相传黄帝常与岐伯、雷公等臣子坐而论道，探讨医学问题。现存最早的中医理论专著《黄帝内经》即是托黄帝与岐伯讨论医学，以问答的形式写成。后世出于对黄帝、岐伯的尊崇，遂以“岐黄之术”指代中医医术。

2. 悬壶济世。

“悬壶济世”意为行医救助世人。“悬壶”即把装药的葫芦挂起来，行医卖药。该典故出自《后汉书·方术列传》。

《后汉书·方术列传》载，东汉时期河南汝阳人费长房是集市上的一名小官员，有一天他看到集市上有一位老人在竹杖上悬挂着葫芦卖药。等到集市结束时，老人竟然跳入葫芦中。集市上的人都没有注意到这一幕，只有费长房在楼上看到了。费长房觉得很神奇，于是带着酒和肉干去拜见老人。老人知道费长房是因为自己跳入葫芦的神奇举动而来的，便对他说："你明日可再来。"费长房次日天明又到老人那里，老人就带他一起进入葫芦中。只见葫芦中富丽堂皇，桌上摆满美味佳肴，二人遂一同饮酒。后费长房拜老人为师，跟随他学习医术与修仙之道，遂能医百病、驱瘟疫，成为一位名医。后来人们就把"悬壶"作为行医的代称，将医者行医救治世人称为"悬壶济世"。古代一些医者开业出诊，也会悬挂葫芦作为招牌。

3. 杏林春暖。

三国时期的医师董奉医术高明，医德高尚，为人治病，分文不取，只要求治愈者在他房前栽种杏树作为纪念。重症愈者种五株，轻症愈者种一株。数年后，蔚然成林，红杏累累。董奉在杏林中建一草仓，告诉人们，如果想要杏果，不用付钱，只要拿等量谷子自行换取即可。这一"杏林佳话"成为医界的美谈。后人遂以"杏林春暖"作为对医者医术精湛、医德高尚的赞誉之词。"杏林"也就成了医学界的代称。

4. 青囊书。

"青囊"指古代医生盛医书的囊，后借指医术。这一典故源自东汉末年名医华佗的故事。华佗医术精湛，声誉颇著，在各科多有成就。其晚年因遭曹操怀疑，下狱被拷问致死。据记载，华佗在遇害前将自己用毕生心血著就的医书装于青囊之中留给狱卒，希望这些医术能够流传下去，造福世人。但狱卒怕受牵连，不敢接受，华佗便不强求，焚烧了青囊。

单元学习活动

◎自主选择一位中国古代名医，介绍与其相关的事迹。

◎中医注重“辨证论治”，试对此做简单的解读。

第八单元

历史文化的“活化石”

——中国的世界非物质文化遗产

第一节
中国的世界非物质文化遗产概况

非物质文化遗产又称无形文化遗产，其往往通过人们口头或动作的方式相传承，具有民族历史积淀，能广泛、突出地代表民族文化，被誉为历史文化的“活化石”和“民族记忆的背影”。

联合国教科文组织认为非物质文化遗产是确定文化特性、激发创造力和保护文化多样性的重要因素，在不同文化相互宽容、协调中起着至关重要的作用，因而于 1998 年通过决议设立非物质文化遗产评选。

2003 年 10 月，在联合国教科文组织第 32 届大会上通过《保护非物质文化遗产公约》，此公约旨在保护以传统、口头表述、节庆礼仪、手工技能、音乐、舞蹈等为代表的非物质文化遗产。

《保护非物质文化遗产公约》对非物质文化遗产做了如下定义：非物质文化遗产，指被各社区、群体，有时是个人，视为其文化遗产组成部分的各种社会实践、观念表述、表现形式、知识、技能以及相关的工具、实物、手工艺品和文化场所。其所定义的非物质文化遗产包括以下方面：口头传统和表现形式，包括作为非物质文化遗产媒介的语言；表演艺术；社会实践、仪式、节庆活动；有关自然界和宇宙的知识和实践；传统手工艺。

我国于 2011 年 2 月 25 日通过并公布的《中华人民共和国非物质文化遗产法》中对非物质文化遗产的定义为：各族人民世代相传并视为其文化遗产组成部分的各种传统文化表现形式，以及与传统文化表现形式相关的实物和场所。其所称的非物质文化遗产包括：传统口头文学以及作为其载体的语言；传统美术、书法、音乐、舞蹈、戏剧、曲艺和杂技；传统技艺、医药和历法；传统礼仪、节庆等民俗；传统体育和游艺；其他非物质文化遗产。

从这两个对非物质文化遗产的权威解释来看，非物质文化遗产的最大特点是不脱离民族特殊的生活生产方式，是民族个性、民族审美习惯的“活”的显现。它依托于人本身而存在，以声音、形象和技艺为表现手段，并以身口相传作为文化链而得以延续，是“活”的历史文化。非物质文化遗产是以人为本的活态文化遗产，它强调的是以人为核心的技艺、经验、精神，其特点是活态流变。在努力奋斗实现中华民族伟大复兴的时代，非物质文化遗产具有更加重要的意义，它包含着难以言传的意义、情感和特有的思维方式、审美习惯，蕴藏着传统文化的最深的根源，保留着中华民族文化的原生状态。

世界非物质文化遗产项目的申报有三个基本条件，一个是具有艺术价值，一个是处于濒危的状况，还有一个是有完整的保护计划。截至 2024 年 10 月，中国入选联合国教科文组织非物质文化遗产名录（名册）的项目共计 43 项，总数位居世界第一。具体如下：

年份	入选项目数	具体项目
2008	4	昆曲、古琴艺术、新疆维吾尔木卡姆艺术、蒙古族长调民歌
2009	25	中国篆刻、中国雕版印刷技艺、中国书法、中国剪纸、中国传统木结构建筑营造技艺、南京云锦织造技艺、端午节、中国朝鲜族农乐舞、妈祖信俗、蒙古族呼麦歌唱艺术、南音、热贡艺术、中国蚕桑丝织技艺、龙泉青瓷传统烧制技艺、宣纸传统制作技艺、西安鼓乐、粤剧、花儿、玛纳斯、格萨（斯）尔、侗族大歌、藏戏、羌年、黎族传统纺染织绣技艺、中国木拱桥传统营造技艺
2010	5	中医针灸、京剧、麦西热甫、中国水密隔舱福船制造技艺、中国活字印刷术
2011	2	中国皮影戏、赫哲族伊玛堪
2012	1	福建木偶戏后继人才培养计划
2013	1	中国珠算
2016	1	二十四节气
2018	1	藏医药浴法
2020	2	太极拳、送王船——有关人与海洋可持续联系的仪式及相关实践
2022	1	中国传统制茶技艺及其相关习俗

第二节
昆曲——雅趣之典范

一、昆曲概况

昆曲，亦称“昆山腔”“昆腔”“昆剧”，是现存的中国最古老的剧种之一，也是中国传统文化艺术，特别是戏曲艺术中的珍品，被誉为“戏曲芳苑中的一朵兰花”。2001 年 5 月，联合国教科文组织在巴黎宣布第一批人类口头和非物质遗产代表作名录，共有 19 个申报项目入选，其中包括中国的昆曲艺术。2008 年，昆曲自动被纳入人类非物质文化遗产代表作名录。

昆曲是明代中叶至清代中叶戏曲中影响最大的声腔剧种，很多剧种都是在其基础上发展起来的，故昆曲被称为“百戏之祖，百戏之师”，有“中国戏曲之母”的雅称。

昆曲是中国戏曲史上具有最完整表演体系的剧种之一，其基础深厚，遗产丰富，是中国传统文化艺术高度发展的成果。昆曲唱腔华丽婉转、念白儒雅、表演细腻、舞蹈飘逸，加上完美的舞台置景，可以说在戏曲表演的各个方面都达到了极高境界。

昆曲的许多剧本，如《牡丹亭》《长生殿》《桃花扇》等，都是古代戏曲文学中的不朽之作。昆曲曲文秉承了唐诗、宋词、元曲的文学传统，曲牌则有许多与宋词、元曲相同。这为昆曲的发展打下了良好的文化基础，同时也造就了一大批昆曲作家和音乐家，其中梁辰鱼、汤显祖、洪昇、孔尚任、李玉、李渔、叶崖等都是中国戏曲和文学史上的杰出代表人物。

1. 昆曲的起源和改良。

昆曲的前身是流行于昆山（今属江苏）一带的南戏腔调。魏良辅《南词引正》记载：“元朝有顾坚者，虽离昆山三十里，居千墩（今千灯镇），精于南辞，善作古赋。……善发南曲之奥，故国初有‘昆山腔’之称。”据此可见，元末昆山一带民间流行的南戏腔调，经顾坚等人整理加工，到明初时已有“昆山腔”之名。

明代中叶以前，昆山腔的传播范围不是很广，开发出昆曲所蕴含的艺术潜力，使之迅速流传开来的一位重要人物是戏曲音乐家魏良辅。他在戏曲音乐家张野塘、过云适等人的协助下，吸收海盐、弋阳等腔的特点，同时借鉴江南民歌小调，对原有的昆山腔进行整理加工，形成一种不同于以往的新腔。该新腔演唱时注意使歌词的音调与曲调相配合，同时延长字的音节，节奏婉转舒缓，给人以特殊的音乐美感，称“水磨调”。同时，魏良辅对伴奏乐器也进行了改革，在原来单调的弦索、彭板伴奏中加入了笛、箫、笙和琵琶等乐器，丰富了音色，使昆曲音乐更加具有感染力。新式的腔调一经问世，昆曲立即以不可抗拒的艺术魅力征服了当时的广大听众。一批民间音乐家纷纷向魏良辅学习昆曲的演唱技法，使得昆曲很快在周围地区传播开来。最早将“水磨调”形式成功用于舞台的昆曲剧作一般认为是昆山人梁辰鱼（1519—1591）的《浣纱记》。

2. 昆曲的发展兴盛。

在昆曲初步形成的过程中，民间艺术家起了关键性的作用。昆曲获得较为完整的戏剧形态后，开始向更加文学化的方向发展，这时许多作家、学者参与进来，用精美的文句和生动曲折的故事撰写了大量剧本。

明代万历年间，昆曲发展史上的伟大剧作家汤显祖创作了《紫箫记》《紫钗记》《牡丹亭》《南柯记》《邯郸记》五种戏曲文学作品，后四种合称“临川四梦”。其作品颂扬人性真情，抨击封建礼教和社会黑暗。其中《牡丹亭》是最享有盛名的作品，剧本人物刻画细腻，曲词优美典雅，其所传达出的“情之所至”，“生者可以死，死者可以生”的理想爱情观极具浪漫主义色彩。

清代康熙年间，洪昇（1645—1704）的《长生殿》和孔尚任（1648—1718）的《桃花扇》两部集大成式的重要昆曲作品相继问世，标志着新一轮昆曲创作高潮的到来。

清代前期还有一位重要的昆曲剧作家李渔（1611—1680）。李渔创作了《意中缘》等传奇十种，称为“笠翁十种曲”，还撰写了在中国戏剧理论史上占有重要地位的杂著《闲情偶寄》。

明代末期至清代前期，是昆曲发展兴盛的时期。在这段时间里，昆曲一直以一种完美的表现方式向人们展示着世间的万般风情。昆曲是凝聚了中国文人的美学追求以及艺术创造的艺术形式，为文人雅趣之典范。

二、昆曲名作《长生殿》《桃花扇》

《长生殿》讲的是唐玄宗和贵妃杨玉环之间的爱情故事。故事描写唐玄宗宠幸贵妃杨玉环，于七夕之夜在长生殿对着牛郎织女星密誓永不分离。为讨杨玉环的欢心，唐玄宗不惜耗费大量人力物力从海南岛为杨玉环采集运送新鲜荔枝，激起民愤。由于唐玄宗终日和杨玉环游乐，不理政事，导致安禄山叛乱，唐玄宗和随行官员逃离长安，至马嵬坡军士哗变，强烈要求处死杨玉环，唐玄宗不得已赐杨玉环自尽。杨玉环死后深切痛悔，得到神仙的原谅。郭子仪带兵击溃安禄山，唐玄宗回到长安后，日夜思念杨玉环，后派方士去海外寻找蓬莱仙山，最终感动了织女，两人最终在月宫中团圆。

《桃花扇》以复社文人侯方域与秦淮名妓李香君的爱情故事为内容主线，同时借其爱情故事来反映南明弘光王朝的政治动乱。明代末年，清流士子侯方域逃难到南京，参加了“复社”，与太监魏忠贤余党、已被罢官的阮大铖斗争。侯方域题诗宫扇赠李香君，二人相恋。阮大铖匿名托人赠送丰厚妆奁以拉拢侯方域，被李香君知晓坚决退回，阮大铖因而怀恨在心。弘光帝即位后，起用阮大铖，阮大铖趁机陷害侯方域，迫使其投奔史可法，并强将李香君许配他人。李香君坚决不从，而撞头欲自尽，血溅诗扇，侯方域的朋友杨龙友利用血点在扇中画出一树桃花。南明灭亡后，李香君出家。扬州陷落后侯方域逃回寻找李香君，最后也出家学道。

《长生殿》和《桃花扇》都是“借离合之情，写兴亡之感”，作者深感历史的无奈、世事的荒诞和人生的无常，所以作品都在谴责统治阶级罪恶之外，表达了一种浓重的时代幻灭感。

第三节 京剧——华夏之国粹

一、京剧概况

1. 京剧的发展过程和特点。

京剧，又称“京戏”“平剧”，是中国五大戏曲剧种之一，被视为中国之国粹。京剧的前身是徽剧，清乾隆五十五年（1790）起，原在南方演出的三庆、四喜、春台、和春四大徽班陆续进京演出，其在嘉庆、道光年间与来自湖北的汉调艺人合作，同时又接受了昆曲、秦腔的部分剧目、曲调和表演方法，并吸收一些民间曲调，通过不断交流、融合，最终形成京剧。京剧形成后由清朝宫廷内开始快速发展，逐渐形成以北京为中心、遍布全国的流行态势。今天，京剧走遍世界各地，成为介绍、传播中国传统文化艺术的重要媒介。2010 年，京剧被列入人类非物质文化遗产代表作名录。

京剧舞台艺术在文学、表演、音乐、唱腔、锣鼓、化妆、脸谱等各个方面，通过无数艺人的长期舞台实践，构成了一套规范化的程式。其表演艺术趋于虚实结合的表现手法，最大限度地超脱舞台空间和时间的限制，以达到“以形传神，形神兼备”的艺术境界。表演上要求精致细腻，处处入戏；唱腔上要求悠扬婉转，声情并茂；武戏则不以火爆勇猛取胜，而以“武戏文唱”见佳。

2. 京剧的“四功”。

“四功”指京剧表演的四种艺术手段——唱、念、做、打，这也是京剧演员的四项基本功。

“唱”指演唱，“念”指具有音乐性的吟诵和念白，二者相辅相成，构成歌舞化的京剧表演艺术两大要素之一的“歌”；“做”指做功及表演，包括舞蹈化的形体动作和身段、姿势以及表情，“打”指武打功夫，二者相互结合，构成歌舞化的京剧表演艺术两大要素之一的“舞”。京剧有唱，有舞，有对白，有武打，有各种象征性的动作，是一种高度综合性的艺术。

3. 京剧的行当。

京剧舞台上的角色并不是按照生活当中人的本来面貌出现的，除依据人物的自然属性（性别、年龄）和社会属性（身份、职业）外，主要是按人物的性格特征来分类的，在化妆、服装各方面加以若干艺术的夸张，这样就把舞台上的角色划分为生、旦、净、丑四种类型。这四种类型在京剧里的专门名词叫作“行当”。

生：除了净和丑以外的男性角色的统称。分老生（又分重唱的安工老生、重做的衰派老生、重武的靠把老生）、武生（又分长靠武生、短打武生并应工猴儿戏）、小生（又分扇子生、雉尾生、穷生、武小生等）、红生、娃娃生等。

旦：女性角色的统称。分青衣（正旦）、花旦、闺门旦、刀马旦、武旦、彩旦、老旦等。

净：俗称“花脸”，大多扮演性格、品质或相貌特异的男性角色，化妆用脸谱，音色洪亮，风格粗犷。主要分为重唱功的正净（又称大花脸、铜锤花脸、黑头）、重做功的副净（又称二花脸、架子花脸）、重武打动作的武净（又称武花脸），此外还有一类人物形象奇特、表演上重舞蹈的毛净（又称油花脸），但大多由副净或武净承担应工。

丑：扮演喜剧角色的行当，因化妆时在鼻梁上抹一小块白粉而俗称小花脸。分为文丑（又分方巾丑、苏丑、袍带丑、茶衣丑、鞋皮丑、老丑）、武丑（又称开口跳）两行。

各个行当都有一套表演程式，在唱、念、做、打的技艺上各具特色。

4. 京剧脸谱。

京剧脸谱是京剧演员面部化妆的一种程式，即用各种色彩在面部勾画出纹样图案，以彰显角色的忠、奸、善、恶等性格特征。一般来说，红脸含有褒义，代表忠勇；黑脸为中性或含有褒义，代表刚直；蓝脸和绿脸为中性，代表草莽英雄；黄脸和白脸含有贬义，代表奸诈凶恶；金脸和银脸寓意神秘，代表神妖。

二、京剧表演艺术名家

1. 谭鑫培。

谭鑫培（1847—1917），清末民初著名京剧演员，被称为“伶界大王”。他从小跟随父亲谭志道进京学戏，曾师事程长庚、余三胜，专攻老生。在长期的艺术实践中，谭鑫培以深厚的武功基础，把老生戏中的唱、念、做、打紧密结合起来。同时，他广征博采，从昆曲、梆子、大鼓及京剧青衣、花脸、老旦各行中借鉴，融于演唱之中，创造出独具艺术风格的“谭派”唱腔，刚健清奇，婉转悠扬。“谭派”唱腔影响深远，老生行中几乎形成了“无腔不学谭”的局面。代表剧目有《李陵碑》《战太平》《定军山》等。

2. 杨小楼。

杨小楼（1878—1938），清末民国间著名京剧演员。他出身京剧世家，幼年即拜师学戏，习武生。表演风格以清朗的念白、抑扬的声调、大方的功架、从容的气度著称，世称“杨派”。杨小楼与很多著名花旦有过合作，他和梅兰芳合演的《霸王别姬》被视为京剧经典剧目。代表剧目还有《挑滑车》《长坂坡》《闹天宫》等。

3. 梅兰芳。

梅兰芳（1894—1961），京剧艺术大师，京剧“四大名旦”之一。他出身京剧世家，自小跟随师傅学习旦角表演，10 岁登台。在长期的舞台实践中，他在京剧唱腔、念白、舞蹈、音乐、服装上均进行了艺术创新，呈现出圆润的嗓音、柔婉的唱腔、优雅的仪态和细腻的表演，并形成了自己的艺术风格，世称“梅派”。代表剧目有《宇宙锋》《贵妃醉酒》《游园惊梦》《穆桂英挂帅》等。

梅兰芳不仅在艺术上取得了辉煌卓越的成就，在人格上也不愧为一代大师。抗日战争时期，梅兰芳蓄须明志，拒绝为敌伪演出，表现出民族气节和大无畏精神。

梅兰芳还是我国向海外传播京剧艺术的先驱，他曾先后赴日本、美国、苏联等国进行文化交流，促进京剧艺术跻身世界戏剧艺术之林，并成为当今公认的世界三大重要表演体系之一。

4. 尚小云。

尚小云（1900—1976），京剧“四大名旦”之一。初学武生，后改老生，再改青衣。由于有早年学武的经历，尚小云在刀马旦这一行中脱颖而出，以奔放挺拔的唱腔、刚健婀娜的做功，形成了独树一帜的“尚派”风格，为后人留下了宝贵的艺术财富。代表剧目有《二进宫》《梁红玉》《昭君出塞》等。

5. 荀慧生。

荀慧生（1900—1968），京剧“四大名旦”之一。初为河北梆子演员，后学京戏的花旦和刀马旦。他吸收了梆子戏中的精华，对京剧的传统技法作了积极有益的探索和发展，开创了独特的旦角领域，世称“荀派”。荀慧生的唱腔婉转秀丽，做功活泼俏丽，最擅长扮演天真烂漫、温柔可爱的花旦角色。代表剧目有《红娘》《金玉奴》《红楼二尤》《钗头凤》等。

6. 程砚秋。

程砚秋（1904—1958），“四大名旦”中另一位和梅兰芳一样工青衣的京剧大师，“程派”艺术的创始人。程砚秋早年曾向梅兰芳学习，但是后来的表演风格却和雍容华贵的“梅派”有所不同。“程派”唱腔以低沉不失柔和、婉转不失刚健著称，另辟蹊径，创造了独特的艺术风格。同时，程砚秋的“水袖”和“步法”也是别具一格，富有魅力，最擅长表现愁苦、哀伤的女性形象。代表剧目有《锁麟囊》《荒山泪》《文姬归汉》《聂隐娘》等。

200 多年来，一代又一代京剧表演艺术家为京剧的繁荣昌盛作出了重大贡献。

第四节
古琴艺术——国乐之精粹

一、古琴艺术概况

古琴，又称“七弦琴”，为中国最古老、最具代表性的弹拨乐器之一。关于古琴的起源和早期发展演变脉络，目前尚不可考。人们根据古代文献记载推测，古琴已有3000多年的历史，而在众多关于古琴起源的传说中，古琴则被认为产生于更早的上古时代。

中国传统文化认为，天上有五星，地上有五行，世上的声响有五音。传说在上古之世，由伏羲氏（一说神农氏）“削桐为琴，绳丝为弦”，创造了最初的琴。当时的琴只有五弦——宫、商、角、徵、羽，象征着金、木、水、火、土。后来，周文王为悼念死去的儿子伯邑考而增加了一根弦，周武王讨伐商纣时，为了鼓舞士气又增添了一根弦，七弦古琴由此产生。

到春秋时期，琴乐已较广泛地渗透到社会生活的许多方面。士阶层将古琴作为修身养性的工具，琴艺成为其需学习掌握的一项重要才能。秦汉时期，古琴艺术迅速发展，宫廷中专业琴师汇聚，民间文人雅好琴艺。至东汉时，古琴七弦的形制已基本定型。魏晋南北朝时期，众多文人在古琴弹奏、琴曲创作、琴论等领域建树颇多，促进了古琴文化多方面的繁荣。隋唐时期，歌舞燕乐兴盛，古琴艺术的发展相对受到制约。不过，古琴仍受到当时文人士大夫的喜爱，这一点从唐代诗文中关于“琴”的内容之多可见一斑。另一方面，这一时期还出现了众多技艺精湛的专业琴师和斫琴能手，使得唐琴受到历代推崇。另外，此时产生的减字谱推动了古琴艺术的传播。宋元时期，文人士大夫阶层好琴之风更为盛行，古琴弹奏、理论以及琴史研究皆有大的发展。明清时期，古琴艺术的流派化倾向日益明显，至清代中期开始呈现出流派纷呈的局面。

古琴音量不大，含蓄温和；音域宽广，多达四个八度；音色古朴典雅，灵动多变，富有韵味。古琴的气质与中国传统文化和文人士大夫的精神气度高度契合，七弦之上振动着千古风骚。

2003 年，古琴艺术入选联合国教科文组织第二批人类口头和非物质遗产代表作名录。2008 年，古琴艺术自动被纳入人类非物质文化遗产代表作名录。

二、古琴名曲

古琴艺术经过数千年的发展，流传下来众多曲目，这些古琴名曲中注入了人们丰富的情思，如对自然的体悟、对历史的凭吊、对先贤的景仰、对亲情的怀想和对故人的挥别。

1.《广陵散》。

《广陵散》是一首古老的大型琴曲，全曲分小序、大序、正声、乱声、后序等部分，其以磅礴的气势、独特的风格、庞大的结构，表现出一种慷慨激昂的英雄气概，受到历代琴家的推崇。

后人推测，东汉蔡邕《琴操》中提到的《聂政刺韩王曲》即为《广陵散》。聂政是战国时期韩国人，《琴操》中记载，其父为韩王铸剑，过了工期未铸成，被韩王所杀。聂政为父报仇，进宫刺杀韩王失败而逃亡，遂毁容，入深山，苦学琴艺十余年。他身怀绝技回韩国，韩王召他进宫鼓琴，他趁机从琴腹内抽出刀，刺杀了韩王。而据《史记》记载，韩国大臣严仲子与相国侠累有宿仇，而聂政曾受严仲子礼遇厚待，他为严仲子刺杀侠累，并自屠而死，体现了一种"士为知己者死"的情怀。

魏晋时期"竹林七贤"之一的名士嵇康以善弹《广陵散》著称。据《晋书》记载，嵇康有一次到洛西游玩，投宿华阳亭，引琴而弹。夜里有一自称古人的客人造访，与嵇康共谈音律，并索琴弹奏一曲，即为《广陵散》。访客将《广陵散》传授给嵇康，并约定此曲不传他人。《太平广记》中也有类似的记载。后嵇康因不满司马氏政权被害。临刑前，嵇康俱不伤感，唯叹惋：“昔袁孝尼尝从吾学《广陵散》，吾每靳固之，《广陵散》於今绝矣!”他索琴在刑台上弹奏了最后一曲《广陵散》，弹毕从容就戮。

2.《高山流水》。

《高山流水》的曲名及内容源自春秋时期伯牙和锺子期的故事。《吕氏春秋·本味》记载：“伯牙鼓琴，锺子期听之。方鼓琴而志在太山，锺子期曰：‘善哉乎鼓琴，巍巍乎若太山。’少选之间而志在流水，锺子期又曰：‘善哉乎鼓琴，汤汤乎若流水。’锺子期死，伯牙破琴绝弦，终身不复鼓琴，以为世无足复为鼓琴者。”

《高山流水》现存传谱最早见于明代《神奇秘谱》，其解题称：“《高山》《流水》……本只一曲……至唐，分为两曲。不分段数。至宋，分《高山》为四段，《流水》为八段。”

《高山流水》分为《高山》《流水》两曲之后，经过历代琴家的完善，各自呈现出鲜明的特色，《高山》沉厚宽广，《流水》奔流浩瀚，共同叙述着古雅的情志。

3.《渔樵问答》。

《渔樵问答》是一首流传了几百年的名曲，曲谱最早见于明代萧鸾所辑的《杏庄太音续谱》，其解题称：“古今兴废有若反掌，青山绿水则固无恙。千载得失是非，尽付渔樵一话而已。”明代琴家杨表正修订曲谱，配制歌词，清代琴家又略去歌词，将曲调稍加改易，成为独立的器乐曲。此曲优美清逸，以问答式的旋律，描写渔父与樵夫的对话，反映了渔樵在青山绿水间自得其乐的情趣，表达了对渔樵生活的向往。

乐曲音调富于变化，加之滚拂技法的使用，逐渐形成高潮，刻画出隐士豪放无羁、潇洒自得的情状。其中泼刺和三弹技法的运用造成的强烈音响，应和着切分的节奏，使人如见高山湖海，如闻山林斧伐。《琴学初津》云此曲：“曲意深长，神情洒脱，而山之巍巍，水之洋洋，斧伐之丁丁，橹歌之欸乃，隐隐现于指下。”

4.《平沙落雁》。

《平沙落雁》又称《雁落平沙》，最早见于明代《古音正宗》。《古音正宗》中说此曲："盖取其秋高气爽，风静沙平，云程万里，天际飞鸣。借鸿鹄之远志，写逸士之心胸也……通体节奏凡三起三落。初弹似鸿雁来宾，极云霄之缥缈，序雁行以和鸣，倏隐倏显，若往若来。其欲落也，回环顾盼，空际盘旋；其将落也，息声斜掠，绕洲三匝；其既落也，此呼彼应，三五成群，飞鸣宿食，得所适情。子母随而雌雄让，亦能品焉。"琴曲描写沙滩上群雁降落之际徘徊飞鸣的情景，起伏绵延，静美而不失灵动。

5.《阳春白雪》。

《阳春白雪》相传是春秋时期晋国乐师师旷或齐国刘涓子所作。古时以《阳春白雪》连称，后世琴谱中《阳春》和《白雪》分为两曲。最早见于明代《神奇秘谱》，其解题说："《阳春》取万物知春、和风澹荡之意；《白雪》取凛然清洁、雪竹琳琅之音。"其曲清雅高洁，旋律清新流畅。

6.《胡笳十八拍》。

《胡笳十八拍》相传为东汉末年女诗人蔡琰（字文姬）所作，但现在研究者多认为系伪托。琴曲反映的主题是"文姬归汉"。汉末战乱中，蔡文姬为董卓部将所虏，归南匈奴左贤王，居匈奴十二年，十分思念故乡。后曹操派人将其赎归，她又舍不得离开两个孩子，还乡之喜悦被骨肉离别之痛所淹没，心情非常矛盾。

《胡笳十八拍》借用胡笳善于表现思乡哀怨的乐声，融入古琴声调之中，表现出一种浩然的怨气。"拍"指乐曲的段落，每拍成一章节，十八拍就是十八个段落。全曲结构宏大，气势如虹，感情真挚。

7.《阳关三叠》。

《阳关三叠》又名《渭城曲》，是根据唐代诗人王维《送元二使安西》（一作《渭城曲》）诗谱写的一首琴曲。

王维的诗是为送别友人远去关外而作：“渭城朝雨浥轻尘，客舍青青柳色新。劝君更尽一杯酒，西出阳关无故人。”该诗在唐代就曾以歌曲形式广为流传，谱入琴曲后又增添了一些词句，加强了惜别的情调。《阳关三叠》基本上用一个曲调作变化反复，叠唱三次，故称“三叠”。音调纯朴而富于激情，情意真切，充分表达出对即将远行的友人无限关怀、留恋的诚挚情感。

8.《**梅花三弄**》。

《梅花三弄》又名《梅花引》《梅花曲》《玉妃引》，是中国传统艺术中表现梅花的佳作。存谱初见于明代《神奇秘谱》，其称此曲原为晋代桓伊所作的一首笛曲，后改编为琴曲。《梅花三弄》描绘了梅花傲雪凌霜的姿态，展现了梅花的高洁神韵。

全曲结构上采用循环再现的手法，重复主题在琴的不同徽位的泛音上弹奏三次，故称为“三弄”。

9.《**醉渔唱晚**》。

《醉渔唱晚》曲谱最早见于明代《西麓堂琴统》，该书云唐代诗人皮日休、陆龟蒙泛舟松江，见渔父醉歌遂写此曲。全曲描绘了夕阳下，渔父结束了一天的劳作，以酒消乏，扶醉而歌的情境。曲子开始悠闲舒缓，而后旋律逐渐加快，曲调高昂，生动展现了渔父豪放不羁的醉态，素材精炼，结构紧严，是一首精致的琴曲小品。

10.《**潇湘水云**》。

《潇湘水云》为南宋琴师郭沔所作。据说郭沔因躲避战乱，移居到湖南衡山，“每欲望九嶷，为潇湘之云所蔽”，因而创作了该曲，以抒发山河破碎与身世飘零的感慨。此曲谱最早见于明代《神奇秘谱》，原曲共分十段，分别为洞庭烟雨、江汉舒清、天光云影、水接天隅、浪卷云飞、风起云涌、水天一碧、寒江月冷、万里澄波、影涵万象。全曲情景交融，寓意深刻，充分利用了古琴演奏中的“吟、猱、绰、注”技法，集中体现了古琴艺术“清、微、淡、远”的含蓄之美，被历代琴家公认为典范之作。

单元学习活动

◎在了解故事梗概的基础上，欣赏昆曲《牡丹亭》，学唱《游园惊梦》中的经典名句。

◎查找京剧脸谱的各种式样，并对其加以分类，尝试动手在白坯纸浆面具上手绘京剧脸谱。

◎上网查找几首古琴名曲并欣赏，用文字记录下你的感受，向同学们推荐一首古琴曲并分享你的感受。